AF450152

COLECCIÓN
EDUCACIÓN:
OTROS LENGUAJES

Directores de la colección:

Jorge Larrosa
(Universidad de Barcelona, España)

Carlos Skliar
(FLACSO, Área Educación, Buenos, Argentina)

Transformaciones

Tres ensayos de filosofía de la educación

Diseño de colección: Gerardo Miño
Composición y armado: Valeria Pérez Margolis

© 2006-Miño y Dávila srl

Edición actual: 1ª edición, mayo de 2006

ISBN-10: 84-96571-14-9
ISBN-13: 978-84-96571-14-3

IMPRESO EN ARGENTINA

Transformaciones

Tres ensayos de filosofía de la educación

Joan-Carles Mèlich

www.minoydavila.com

En Madrid:
Miño y Dávila editores
Arroyo Fontarrón 113, 2° A (28030)
tel-fax: (34) 91 751-1466
Madrid · España

En Buenos Aires:
Miño y Dávila srl
Pje. José M. Giuffra 339 (C1064ADC)
tel-fax: (54 11) 4361-6743
e-mail producción: produccion@minoydavila.com.ar
e-mail administración: administracion@minoydavila.com.ar
Buenos Aires · Argentina

ÍNDICE

PRÓLOGO

Por Ricardo Forster

He aquí una lectura inquietante, que me inquieta, que me exige, y valga el término algo fuera de época, un compromiso, una toma de partido, un gesto de fraternidad con lo escrito o una fuerte e intensa recusación. Resulta imposible leer este libro de Joan-Carles Mèlich desapasionadamente, eludiendo sus planteos centrales, sustrayendo la propia experiencia en el campo de la enseñanza o poniendo afuera lo que ha dejado marca en el cuerpo, en lo más hondo de la sensibilidad, en aquello que entrelaza mundo de ideas, práctica pedagógica, sueño diurno, biografía intelectual, amores literarios, fecundidad filosófica. *Transformaciones* es más que una obra dedicada a fijar ciertas posiciones en el campo de los debates en torno a la educación, del mismo modo que tampoco es reducible a un tratado en el que el arsenal conceptual de la antropología filosófica ocupa un lugar de privilegio, es algo más, supone un entrecruzamiento en el que la educación es interrogada por la ética y en el que la ética es discutida desde lo que Mèlich denomina "la sabiduría de lo incierto", es decir, una sabiduría que rechaza el postulado esencialista a la hora de fijar las condiciones de posibilidad de toda ética.

Un claro hilo desplegado por Nietzsche es retomado particularmente en el tercer ensayo, impregnando, desde un comienzo, el esfuerzo interpretativo del autor. Pero con una insistencia que, a esta altura del partido y de las lecturas dogmáticas o simplificadoras, es más que oportuna: que una ética simbólica, afincada en el perspectivismo nietzscheano, no supone un relativismo valorativo, una suerte de equivalencia universal en la que todo vale más o menos lo mismo. A lo largo del libro, y diciéndolo de distintas maneras, Mèlich rechaza tanto el sustancialismo como el relativismo, destacando la idea de proliferación, de multiplicidad transformadora capaz de imaginar el arte pedagógico como un ejercicio de "formación transformadora", como una continua acción que reinventa cada vez el sentido, sabiendo, como lo sabe, de la precariedad propia de los asuntos humanos. *Transformaciones* no puede ser leído, por lo tanto, como un manual para pedagogos, ni tampoco funciona como una guía que nos facilita el camino hacia una "verdadera" educación, suerte de mapa que nos ahorra el extravío. Por el contrario, su significación radica en que interroga al lector de un modo especial, inquietándolo, narrándole las peripecias y los amores intelectuales del autor, destacando la imprescindible complicidad con ciertas tradiciones filosóficas y literarias que no suelen ocupar el centro de los andariveles universitarios. Sencillamente Mèlich busca la amistad del lector al confiarle sus gustos, sus pasiones literarias, su proyecto educativo, su mirada de la vida y de la muerte. Nos hace saber, en las apretadas páginas del libro, de sus búsquedas, de aquellos autores que dejaron marca en su espíritu, que alimentaron su reflexión y su vitalidad existencial. Porque, y también me apresuro a destacarlo, *Transformaciones* quiere ser un diálogo en el que Mèlich, en especial en las conversaciones que cierran el libro, interpela su itinerario biográfico para mostrar, una vez más, que no hay pensamiento desencarnado, alojado en la pura abstracción conceptual; que su pensar, su travesía universitaria, sus ya largas indagaciones en torno a la educación, la ética, la experiencia concentracionaria, se entraman con la vida, con su propia e intransferible experiencia, con sus dolores y alegrías, con su meditar la muerte. Tal vez no sea ocioso decirle al lector que puede iniciar el viaje por el último de los textos de este libro, por aquel en el que se pone al des-cubierto cierta intimidad del autor, su propio espíritu narrativo.

Celebro ese gesto en el que se ponen las cartas sobre la mesa, en el que Mèlich comparte y nos hace compartir cierta intimidad, aquella que constituye su propio punto de partida a la hora de internarse en el arduo mundo del pensamiento crítico. Señalo este rasgo porque no es casual, apenas un accidente sin importancia, es, por el contrario, la savia que alimenta la convicción de un libro que hace centro en la educación y, aún más, en la diferencia entre ser un profesor y un maestro, entre transmitir conocimientos y abrir una experiencia en la que se juega la falla del saber, los laberínticos caminos de una sabiduría que nunca está completa, acabada. Cierta debilidad funda las condiciones de una transmisión genuina, aquella que le preocupa a Mèlich y que recorre las páginas de *Transformaciones*, del mismo modo que una ética de la alteridad, afincada en el pensar levinasiano, constituye ese otro punto de partida insustituible sin el cual la enseñanza es imposición, verdad dogmática, uniformidad cognitiva. *"En una pedagogía como la que he propuesto en este ensayo* —escribe Mèlich— *el sentido tiene que inventarse. El sentido no puede darse, no puede descubrirse, como si fuera algo que está ahí afuera, inmutable, esencial. El sentido está abierto a la incertidumbre, a lo imprevisto"*. Nada más difícil, pero infinitamente dichoso cuando se logra, que aventurarse por las sendas de una pedagogía de lo imprevisto, de una pedagogía abierta al reconocimiento del otro, capaz de enseñar-aprendiendo y de aprender-enseñando.

Acercándome al final de este prólogo que me complace escribir porque, y más allá de esa enigmática frase supuestamente dicha por Aristóteles –"Amigos míos, quiero decirles que no hay amigos"–, siento que con Joan-Carles Mèlich, al igual que con Fernando Bárcena y Jorge Larrosa en España y Carlos Skliar en Argentina, me une una amistad intelectual que se va profundizando a medida que las escrituras se encuentran, se abren a la conversación, se descubren en un mismo surco. Amistad que sigue también los nombres propios y mayúsculos de escritores y filósofos que habitan *Transformaciones*. Allí están, visitados y citados amorosamente, Pessoa y Husserl, Wittgenstein y Canetti, Musil y Nietzsche, Kundera y Levinas, Bloch y Rilke, Kafka y Blumenberg... nombres que alimentan la apuesta de Mèlich por una educación capaz de abrirse a la aventura narrativa, a ese caudal infinito que surge de la literatura y que, en una época ardua y oscura en la que la genuina transmisión está más amenazada que nunca por todo tipo de ideologías pragmatistas y eficientistas, permiten soñar con otra educación y, por qué no, con otra sociedad.

Ricardo Forster

PÓRTICO

No es posible formar sin transformar. Ésta es la tesis de este libro. Por eso la formación es inacabada e inacabable, porque cada formación transforma al que es formado, pero también, y esto es decisivo, transforma al que forma, al formador. Además, es necesario tener muy presente que precisamente porque cada relación formativa es finita las transformaciones son infinitas, son inacabables. Finitud e infinitud, por tanto, no se oponen al modo de una especie de "dualismo metafísico" sino que, por el contrario, una es la condición de posibilidad de la otra.

La vida humana es básicamente *transformación*. Ahora bien, los seres humanos no soportan las transformaciones a cualquier precio. Por eso necesitan "lugares de asilo" (físicos y simbólicos). Unas transformaciones excesivamente aceleradas y violentas suelen abrir peligrosos ámbitos deformativos. Así, nuestra frase inicial debería ser completada: no hay formación sin transformación, pero un exceso de transformación deforma.

El nacimiento de la filosofía, así como una buena parte de su historia, puede concebirse como un repetido intento de protección frente al movimiento y al tiempo. Las respuestas (que no las preguntas) "metafísicas", sean de orden ontológico (Platón), epistemológico (Descartes), moral (Kant) o científico (positivismo), resultan artefactos de negación de las transformaciones. Pero, junto a ello, la filosofía ha producido otra cara, situando a "la vida en constante cambio" en el centro de su reflexión y generando un arte de vivir y de morir. Heráclito, Sócrates, Marco Aurelio, Montaigne, Spinoza, Schopenhauer, Nietzsche… son algunos de sus ilustres representantes.

La filosofía que se presenta en este breve libro es una filosofía *antropológica* que, frente a la "voluntad de sistema" de los grandes edificios metafísicos, reivindica la "escena narrativa", una escena fragmentaria y ensayística. Esta filosofía antropológica es netamente "pedagógica" porque considera que su tarea fundamental es enseñar (y aprender) a vivir y a morir. *Eros* y *thanatos*. Nada más y nada menos. Y para aprender a vivir y a morir no contamos con verdades firmes y seguras, lo que no significa que andemos a la intemperie. Aprender a vivir y a morir es saber mantener un inestable equilibrio en un universo de transformaciones inacabables. Para ello, necesitamos puntos de apoyo, unos puntos de apoyo que siempre serán débiles e inciertos, ambiguos y ambivalentes. De todos ellos me gusta destacar ahora uno que para mí posee una importancia excepcional: la *ética*.

La ética, como la que se *esboza* en estos tres ensayos, no la concibo como la atención a un deber, a un código deontológico, a unas normas, a unos valores… La ética, desde una perspectiva narrativa (no metafísica), es una relación con el otro, una relación de no indiferencia a su sufrimiento, una relación de deferencia, de responsabilidad, de compasión. Es la relación deferente con el otro la que nos ayuda a sobrevivir en un universo de transformaciones.

Ciertamente, "nuestra vida no es sino movimiento", como decía Montaigne en sus *Ensayos*. Y vivir es aprender a sobrevivir en el hilo del cambio. Pero es tarea de la antropología (filosófica) de la educación, ayudar a que cada uno invente su modo de supervivencia, su *sentido*. El sentido no se descubre, se inventa y la ética, entendida como relación de alteridad, como semántica de la cordialidad, como praxis de la amistad, tiene que ver con el arte de acompañar en la invención del sentido de la vida, de una vida que se sabe finita, que se sabe mortal.

De estas cuestiones voy a ocuparme en los tres ensayos que siguen, unos ensayos escritos en momentos distintos, en contextos diversos, pero que tienen algo en común, el deseo de mantener viva la transformación, la *vida*. Son tres ensayos que no pretenden, en modo alguno, ofrecer una visión completa de los temas que tratan. Son, más bien, tentativas, sugerencias dedicadas a todos aquellos que están preocupados por pensar y hablar de la educación con *otros lenguajes*.

Joan-Carles Mèlich
Barcelona, marzo de 2006

PRIMER ENSAYO:

LA SABIDURÍA DE LO INCIERTO

"¡El camino, en efecto, no existe!"

Friedrich Nietzsche,
Así habló Zaratustra

1. Introducción

Se trata de reflexionar acerca de la educación ética. En otros lugares ya he manifestado que no creo que se pueda tratar de la educación al margen de la ética, por cuanto es precisamente la ética lo que distingue la acción educativa de la adoctrinadora. Lo que ahora quiero proponer a quien corresponda es una reflexión que iría un poco más lejos. Creo, en primer lugar, que si adoptamos lo que voy a llamar desde ahora un punto de vista literario se entenderá mejor la relación entre ética y educación. A continuación, voy a sugerir en este ensayo una otra cuestión: estoy convencido de que la lectura de textos literarios resulta un instrumento didáctico de suma importancia para una educación ética. No desarrollaré este segundo apartado. Me limitaré a dar unas pistas desde la filosofía de la educación. En tercer lugar, propondré una educación ética basada en la *sabiduría de lo incierto*, esto es, la práctica educativa como la apertura a la incesante *transformación*, una transformación ambigua, transgresora, sin verdades absolutas o intemporales. La *sabiduría de lo incierto* es, a mi juicio, un aspecto ineludible de toda educación ética, por cuanto huye de todo dogmatismo y certeza definitiva y se abre a la contingencia y a la ambigüedad.

Vayamos paso a paso. La pregunta inicial parece obvia: ¿qué es una educación desde el punto de vista literario? La respuesta no es fácil. Quizá resultaría más conveniente comenzar diciendo lo que una educación desde el punto de vista literario no es. No es ni una educación religiosa, ni una educación tecnológica, ni una educación metafísica. Dicho de modo muy esquemático, la primera cree en la verdad revelada, la segunda en la verdad experimentable, la tercera en la verdad racional. Las tres educaciones coinciden en un aspecto, a mi juicio esencial, a saber, que existe algo así como la Verdad, con mayúsculas, o la Realidad, y esta Verdad o esta Realidad se puede alcanzar de modo seguro, bien sea por revelación (educación religiosa), bien sea por experimentación o verificación, o a través del método científico (educación tecnológica), bien sea mediante la razón (educación metafísica). Una educación desde el punto de vista literario no aspira a educar según ninguna de estas tres verdades, porque no cree que exista La Verdad o La Realidad, sino que toda verdad es una verdad contextualizada, porque no hay nada libre de contexto.

Una educación como la que voy a proponer arranca de un análisis sobre el mundo postmoderno que nos ha tocado vivir. En este universo uno descubre (a veces incluso se sorprende) que el avance de las ciencias no ha supuesto un definitivo adiós al mito, sino todo lo contrario. Cuando más moderno (y científico y tecnológico) es el mundo postmoderno, más mitos, más sectas, más religiones aparecen. Ello es así por un simple proceso de *compensación*. Ni la ciencia ni la tecnología son portadores de sentido o sentidos, y los seres humanos necesitan "orientaciones de sentido" para poder vivir. De esta cuestión ya se dieron cuenta algunos intelectuales de principios del siglo XX, como veremos a continuación. Pero mi propuesta no es en modo alguno nostálgica. No hay (espero) añoranza de un paraíso perdido, no hay un deseo de regreso a los orígenes, entre otras cosas porque creo que este regreso es imposible. Para mí, la cuestión es la siguiente: ¿cómo educar en un universo en el que *"Dios ha muerto"* (Nietzsche) y en el que ni la ciencia ni la tecnología son capaces de dar respuesta a los problemas fundamentales de la vida humana? Creo que adoptar en educación un punto de vista literario no es, qué duda cabe, la solución, pero sí que nos proporciona una perspectiva para una ética que nos ayude a vivir y a orientarnos en épocas de desasosiego.

2. La crisis del mundo postmoderno

Edmund Husserl manifestaba en al inicio de *La crisis de las ciencias europeas y la fenomenología trascendental* que la crisis que nos invadía (y que nos invade) se debe a la reducción positivista de la idea de ciencia a mera ciencia de hechos. En otras palabras: las supuestas verdades científicas no sirven para el mundo humano, para el mundo ritualizado. La ciencia y la metafísica han supuesto un mundo verdadero, infinito, eterno, fuera del espacio y del tiempo. Ciencia y metafísica, positivismo y platonismo, creyeron que este universo de verdades eternas y absolutas era el mundo real, un mundo que estaba ahí afuera, y que sólo se trataba de encontrar el medio (el lenguaje) apropiado para descubrirlo. En este sentido escribe Husserl:

"La exclusividad con la que en la segunda mitad del siglo XIX se dejó determinar la visión entera del mundo del hombre moderno por las ciencias positivas y se dejó deslumbrar por la prosper-

ity hecha posible por ellas, significó paralelamente un desvío indiferente respecto de las cuestiones realmente decisivas para una humanidad auténtica. Meras ciencias de hechos hacen meros hombres de hechos..."(Husserl, 1991:6-7)[1].

La misma idea la descubrimos reflejada en el *Tractatus* de Wittgenstein, un filósofo tan diferente de Husserl, pero al mismo tiempo tan cercano a él en este aspecto: "*Tenemos la sensación que incluso cuando todas las posibles preguntas científicas se han contestado, aún no se han tocado en absoluto nuestros problemas vitales*" (Wittgenstein, 2003:6.52).

Así, pues, nos encontramos con distintos autores que realizan un diagnóstico parecido. Husserl habla de "*las cuestiones realmente decisivas*", Wittgenstein de "*el problema de nuestra vida*". Pero ¿cuál es este problema? Responde el propio Husserl:

"Las cuestiones que excluye (la ciencia positiva) por principio son precisamente las más candentes para unos seres sometidos, en esta época desventurada, a mutaciones decisivas: las cuestiones relativas al sentido o sinsentido de esta entera existencia humana"(Husserl, *op. cit.*:6).

Desde puntos de partida totalmente distintos, Husserl y Wittgenstein ponen encima de la mesa una sensación que con el paso de los años no ha hecho más que crecer, a saber, que el desarrollo de la ciencia, que el avance de las nuevas tecnologías no solamente no ha solucionado los problemas fundamentales de la vida humana sino que además ha provocado una profunda decepción.

---

1.   Una idea parecida la encontramos en un importante lector de Husserl, Robert Musil, en su novela *El hombre sin atributos*: "Hemos conquistado la realidad y perdido el sueño. Ya nadie se tiende bajo un árbol a contemplar el cielo a través de los dedos del pie, sino que todo el mundo trabaja" (Musil, 2001:42-43).

No voy a entrar hora en las sugerencias que Husserl propone al final de *La crisis de las ciencias europeas y la fenomenología trascendental*, que supondrían la reformulación del concepto de ciencia mediante lo que él denomina "*el heroísmo de la razón*", así como tampoco estoy convencido de que la solución a la cuestión del sentido de la vida esté, como sugiere Wittgenstein en el *Tractatus*, "*fuera del mundo*" (*op. cit.*:6.41). Creo, más bien, que es necesario un cambio radical de punto de vista. Es lo que de ahora en adelante llamaré el punto de vista literario.

3. El punto de vista literario en educación ética

Vivimos en una época de desasosiego (Pessoa). En el tiempo actual ya no es posible descubrir instancias metafísicas portadoras de sentido. De ahí que sea necesario, puesto que sin un tipo u otro de sentido la vida es invivible, una *razón literaria* capaz de ofrecer a los seres humanos la posibilidad de inventar sentidos. Desde el punto de vista literario la tarea de la educación en una época de desasosiego es la formación de una razón que no crea que educar sea transmitir *el* sentido de la vida, porque el sentido no puede darse, sino la formación de una *razón imaginativa*, que sea capaz de narrar sentidos, de inventar sentidos, en plural, porque nunca hay un la vida humana un único sentido, sino sentidos distintos, e incluso contradictorios. La educación literaria promueve la transformación de la vida en un universo en el que no hay nada estable ni definitivo, en el que no hay nada absoluto ni eterno.

3.1 Un mundo en devenir

Es evidente que los seres humanos experimentamos la realidad de formas diversas, pero siempre de manera cambiante. Lo que a los seres humanos nos resulta muy difícil soportar es precisamente la experiencia de la realidad como devenir y por esta razón buscamos un punto de vista (metafísico, religioso o tecnológico) que nos ayude a soportar el drama de la contingencia. El lenguaje literario, a diferencia del metafísico, no tiene miedo de mostrar esta realidad en su incesante transformación. Creo que ningún punto de vista, ni el religioso, ni el tecnológico, ni el metafísico son capaces de conseguir expresar el devenir del mundo sin temor a mostrar la ausencia de puntos de referencia estables o definitivos. La literatura es capaz de narrar, en ocasiones dramáticamente, el flujo de la vida, su ambigüedad. El poeta, el novelista, el narrador... renuncian al intento de reunir todos los aspectos de nuestra vida en una visión única, de redescribirlos mediante un único léxico. Es lo que Richard Rorty ha llamado la *contingencia del lenguaje*. Una práctica pedagógica inspirada en este punto de vista literario que propongo, sabe que sólo puede actuar en la fragilidad de los múltiples tiempos y espacios.

En su novela *La insoportable levedad del ser* Milan Kundera escribía que "*el hombre nunca puede saber qué debe querer, porque vive sólo una vida y no tiene modo de compararla con sus vidas precedentes ni de enmendarlas en sus vidas posteriores*". En otras palabras, "*el hombre lo vive todo a la primera y sin preparación, como si un actor representase una obra sin ningún tipo de ensayo*" (Kundera, 1998:16). La pedagogía que se inspira en una razón literaria sabe que no hay respuestas dadas, que en educación poco o nada se sabe de antemano. Una razón literaria no es una razón que conoce la verdad a priori. La razón literaria padece experiencias. La razón literaria está abierta a la sorpresa, al cambio, en una palabra, a la alteridad, al acontecimiento del otro. Por eso una razón literaria es una razón ética, atenta a la palabra del otro, habla para alguien que no solamente tiene orejas sino también boca.

Frente a la razón literaria se sitúa la razón instrumental. El drama de una razón instrumental no es otro que el de producir un exceso de racionalidad, una racionalidad exclusiva y excluyente. No se trata de desacreditar la racionalidad instrumental sino de denunciar su abuso. Si bien una razón literaria no seguiría a Husserl en lo que propone al final de la *Crisis*, a saber, "*el heroísmo de la razón que supere definitivamente el naturalismo*" (Husserl, *op. cit.*: 358), sí que estaría de acuerdo en lo que éste denuncia: el olvido del mundo de la vida, el olvido de los que viven en el mundo, de los que viven el mundo. La razón instrumental es una razón extraviada, y esta es la principal causa de la crisis espiritual europea. Una racionalidad unilateral acaba siendo de una forma u otra totalitaria, por eso dice Husserl que "*puede convertirse en un mal*" (*Ibid*: 348), *porque* "*ninguna línea del conocimiento, ninguna verdad particular, puede ser aislada y absolutizada*" (*Ibid*: 349).

Quisiera insistir en la idea de que una razón literaria es una razón que no cree que existan verdades absolutas (o metafísicas), es una razón que cree que la realidad es inseparable de la ficción porque es inseparable del lenguaje, o de los lenguajes, de la palabra o de las palabras y de los silencios, porque es inseparable de las interpretaciones, porque vivimos en un "mundo interpretado" en el que nunca nos sentimos seguros (Rilke). Una razón literaria, como la que estoy considerando, es la fuente del espíritu que da cuenta de la radical ambigüedad de la vida, de su complejidad, de sus paradojas y de sus contradicciones, un espíritu que posee como única certeza la sabiduría de lo incierto (*Ibid*: 17). Una razón literaria es una razón narrativa.

3.2 Ética y literatura

Para una razón literaria tan ineludible es la estética como la ética. Los seres finitos somos en relación con los demás, somos seres relacionales o relativos, en el sentido en que no somos absolutos (lo absoluto es lo que no necesita de nada ni de nadie para existir). En la medida en que somos relacionales tenemos ineludiblemente que afrontar la cuestión ética. La ética es una relación de alteridad, pero no cualquier relación de alteridad es ética. La razón literaria en la medida en que es una razón estética es una razón sensible al sufrimiento del otro, o, en otras palabras, es una razón compasiva, es una razón que, como advirtió de forma magnífica Max Horkheiemer, se niega a aceptar que el mal y la muerte tengan la última palabra (Horkheiemer, 2000). Una razón literaria nada tiene que ver con un posicionamiento metafísico. Por eso comparto las palabras de Horkheimer:

> *"Yo no sé en qué medida tienen razón los metafísicos; tal vez haya en alguna parte un sistema metafísico, o un fragmento suyo, especialmente acertado, pero sí sé que los metafísicos, por lo general, sólo en mínima medida están preocupados por lo que atormenta a los hombres"* (Horkheimer, 1986:64).

Este "anhelo de justicia", este sentimiento de compasión del que habla Horkheimer, no nace de ninguna revelación trascendente, de ninguna razón pura práctica, de ningún deber absoluto, sino del horror ante el sufrimiento de los seres humanos.

La razón literaria es esencial en una praxis educativa con pretensiones éticas (¿puede imaginarse una educación contraria a la ética?) porque a diferencia de la razón científica (o instrumental)[2] y filosófica (en el sentido de metafísica), la

---

2.   Véase la que a mi juicio sigue siendo la obra fundamental sobre el tema: Horkheimer (2002). Sobre la cuestión de la técnica en

razón literaria nos sitúa frente a seres humanos concretos. *De singularibus non est scientia*, pero sí que hay estética del singular. Es más, toda estética (y por supuesto toda ética) lo es de un singular. Las relaciones educativas decisivas para todo ser humano, las que resultan verdaderamente ineludibles para su formación, son aquellas en las que maestro y discípulo se hallan "cara a cara". Solamente una razón sensible a lo individual, a lo particular, a lo cotidiano, a lo singular… puede ocuparse de este encuentro genuino.

Es evidente que en una pedagogía como la que intento dibujar, la *sensibilidad* ocupa un lugar privilegiado. La tradición metafísica ha desprestigiado la sensibilidad y los sentimientos, pero sin ellos no hay valor. Algo es valioso mucho más que por las razones lógicas que podamos ofrecer por la emoción que nos provoca. No pretendo sostener categóricamente que una formación literaria nos haga necesariamente mejores personas. George Steiner ha insistido en esta idea (véase Steiner, 1992). Pero sí que sin sensibilidad me resulta imposible imaginar la ética. En este sentido, como ha señalado Avishai Margalit (1997:222), *"los conceptos morales no son términos característicamente emotivos, pero son sensibles"*. La sola razón no conmueve ante el mal. Esto es lo que la historia de Eichmann, por ejemplo, nos enseña, la racionalidad del mal (Bauman, 2002:82). Pero sin una imaginación literaria no es posible conmoverse ante el mal. La educación desde el punto de vista literario no está formando individuos "buenos", sino individuos que son capaces de indignarse ante al horror. La educación promueve básicamente un sentimiento de intolerancia y de compasión. La razón educativa desde el punto de vista literario es una razón perturbadora, es una razón sensible a la humillación del otro, y la educación que propongo es una educación que cultive esta sensibilidad.

---

el mundo actual y sus consecuencias antropológicas me inspiro especialmente en Galimberti (1999).

Vivimos en un universo en el que la razón instrumental (medios-fines) ha terminado por imponerse (Horkheimer). Decía antes que la razón instrumental es excluyente, excluye todo aquello que no forma parte del supuesto mundo objetivo, sin darse cuenta de que todo, incluso la ciencia, posee un punto de partida subjetivo. Y tampoco es sensible al mal que habita el mundo. La razón instrumental no se conmueve ante al dolor, el sufrimiento o la muerte. Porque todo ello afecta a los seres singulares, y la razón instrumental es incapaz de pensar el singular. Y hay que recordar que *de singularibus non est scientia*. Esto todavía resulta más relevante con la aparición de la moderna ciencia económica que, junto a su principal instrumento técnico, la estadística, se convirtió en la ciencia social por excelencia. Para esta razón los actos y los acontecimientos sólo pueden aparecer estadísticamente como desviaciones o fluctuaciones. La justificación de la estadística radica en que proezas o acontecimientos son raros en la vida cotidiana y en la historia. De todo ello ya había hablado Robert Musil en su novela *El hombre sin atributos*. Merece la pena recordarlo, y de paso insinuaré cómo se puede utilizar un fragmento literario para generar una reflexión ética. Es evidente que no podré desarrollar este punto, pero espero ser lo suficientemente explícito como para dar algunas sugerencias que sean útiles al lector.

En el primer capítulo de *El hombre sin atributos* Robert Musil narra un "accidente sin trascendencia". En Viena, la capital del imperio, sucede de repente algo insólito. Un camión enorme atropella a un peatón. Una señora que contempla el accidente se siente indispuesta. Pero inmediatamente un caballero explica a la señora las razones técnicas del accidente. Al oírlo, la señora *"se sintió aliviada y se lo agradeció al señor con una mirada atenta"* (Musil, 2001:13). Y añade el caballero, *"según las estadísticas americanas se registran cada año en Estados Unidos 190.000 muertos y 450.000 heridos en accidentes de circulación*". Por eso insiste Musil en que "*todos se llevaron de allí la casi justificada impresión de haber presenciado un acontecimiento legal y reglamentado*" (*Ibid*:13).

El fragmento de Musil nos puede servir para enseñar que no todo en la vida tiene que tener una explicación, ni una utilidad. Tengo la sensación de que habitamos en un universo en el que todo puede resolverse tecno-científicamente, en lo que todo lo que sucede, aún lo más imprevisto, puede contemplarse según la lógica del sistema. Es importante estar atento aquí. Creo que se puede leer el texto de Musil desde esta perspectiva. Lo que resulta perverso en el universo tecnológico no es ni el ordenador, ni el móvil, ni la televisión… Lo que es perverso es la *lógica* del sistema, una lógica que no puede tolerar lo incierto, que no puede aceptar los auténticos acontecimientos. La lógica tecnológica es totalitaria porque no admite nada ni nadie fuera de ella misma. Todo tiene que contemplarse instrumentalmente, según la relación medios-fines, según la utilidad coste-beneficio.

El fragmento de Musil puede producir en el lector un posicionamiento ético, es decir, una atención por el detalle, por lo singular y, al mismo tiempo, por la radical novedad, por la ambigüedad y por la incertidumbre del mundo. Ocuparse del singular es inútil en muchos casos, desde el punto de vista de la relación "coste-beneficio". Por eso creo que sólo si se comprende el valor de lo inútil se puede comprender la ética. En una sociedad en la que el ciudadano se ha convertido en consumidor resulta enormemente difícil apreciar y enseñar el valor de lo gratuito, de un dar sin esperar nada a cambio, de dar sin ganar.

3.3. Ética e incertidumbre

Ahora bien, precisamente porque el punto de vista que propongo nace de una filosofía de la finitud, de una filosofía sin verdades absolutas, porque nada hay absoluto en la vida humana, su ética no puede sobreponerse al principio de incertidumbre. Comparto en este sentido totalmente las palabras de Zygmunt Bauman (2002:68): "*Ser moral significa estar obligado a elegir en medio de una aguda y dolorosa incertidumbre*". Es necesario insistir en esta idea: si hay ética es precisamente porque la razón humana es incierta, porque los seres humanos estamos (con)viviendo en un mundo interpretado, en un universo simbólico, en el que todo lo que hacemos y decimos se eleva sobre un horizonte de provisionalidad. La certidumbre, la certeza, la verdad..., si existiera algo así en el mundo humano, este mundo sería un universo de irresponsabilidad. La certidumbre absoluta es lo mismo que la irresponsabilidad absoluta.

Se ha supuesto con ligereza que la ética sufre en condiciones de incertidumbre y se beneficia de la seguridad y que, por lo tanto, ser moral significa ajustarse a un código absoluto, trascendente, en última instancia, divino. Desde un punto de vista literario la ética no es la atención al mandato categórico que nace de una razón pura práctica (Kant), ni al resultado de un consenso trascendental (Apel/Habermas), sino una *relación*. Si los seres humanos somos seres finitos es, entre otras cosas, porque somos en relación con los otros, con el mundo y con nosotros mismos. Pues bien, concibo la ética como un modo de relación con los otros, pero especialmente como una relación de no-indiferencia frente al sufrimiento de la víctima que altera el orden de la razón. Una pedagogía configurada alrededor de este punto de vista, de esta sensibilidad, no atenta contra la incertidumbre ni la ambigüedad, sino todo lo contrario. La pedagogía que propongo es una teoría y una práctica que cree que educar está más cerca del *tacto* que de la *táctica*. El pedagogo, el esclavo, era el que tenía que dirigir, el que tenía que conducir al niño en el camino hacia la escuela. Así, "*la idea original griega de la pedagogía lleva asociado el significado de dirigir en el sentido de acompañar, de tal forma que proporciona dirección y cuidado a la vida del niño"* (Van Manen, 1998:54). Hay, pues, desde el principio, un componente afectivo en la educación. Desde mi punto de vista, educar es cuidar del otro, es hacerse cargo de él, acompañarlo, acogerlo. Por eso en toda educación hay ética. Son inseparables una de otra. Educar es dar sin esperar nada a cambio. En este "dar" el maestro no solamente "da", sino también "se da". El "dar" educativo es un "darse". En la relación educativa no solamente se da algo sino también se da alguien. Y esto es la ética. De ahí que todo maestro no solamente establezca una relación de *scientia* con sus alumnos sino también de *sapientia*. Esta podría ser una diferencia fundamental entre el profesor y el maestro. El profesor a través de la docencia hace posible que sus alumnos adquieran técnicamente unos saberes, unas actitudes (*scientia*). El maestro, además, "*a través de su vivencia personal, contribuye a la transformación del ser de sus discípulos*" (Duch, 1997:59). Por esta razón el testimonio es fundamental en todo maestro. El maestro da testimonio de la sabiduría de lo incierto. Esto significa también que en la transmisión sapiencial se da siempre también la posibilidad de transgresión de la palabra del maestro, y no se le dice al discípulo cómo tiene que transgredirla. En este sentido ni el maestro ni el alumno están nunca exentos de riesgos, de incertidumbres. Puede que el educador se pregunte: "¿En qué me he equivocado?" Y crea que no ha sabido escoger el camino correcto. Esto todavía resulta más dramático en el momento en que creemos que el otro sufre por culpa nuestra, por un error pedagógico que creemos que hemos cometido. Pero educar es también dar espacio y tiempo al otro, es reconocerle al otro el derecho a cometer sus propios errores por grandes que sean.

Los educadores deben pensar que no hay un camino correcto. Los discípulos piden que se les muestre el camino, pero *el* camino no existe, como advierte Nietzsche en el *Zaratustra* (1979:272). La vida y las relaciones humanas están abiertas, son inciertas, son múltiples. Lo verdaderamente importante es que el niño o la niña sepan que pueden contar con nosotros. Y para ello es necesario tener tacto. Como dice Max van Manen, educar no es meramente una empresa técnica. Si educar fuera eso, una técnica, los buenos profesionales apenas cometerían errores porque la enseñanza consistiría en aplicar un conocimiento técnico y unas destrezas que se podrían confiar a unos expertos. Pero la esencia del educador no se basa en la pericia técnica. Lo esencial del educador es precisamente el tacto, es decir la sensibilidad pedagógica. El tacto es una forma de interacción humana en la que nos mostramos inmediatamente activos en una situación. Somos sensibles a lo que le sucede a otra persona, somos receptivos a sus palabras y a sus silencios.

4. Telón: Formar, conformar, transformar

Voy a terminar indicando un último aspecto que me parece especialmente relevante. Podríamos decir *grosso modo* que pedagogías de distinto signo han coincidido en entender la "formación" como "conformación". "Conformar" es dar forma de acuerdo a un modelo preestablecido. "Conformar" es adaptar algo o alguien a un original. En este tipo de pedagogía se cree que educar es formar al discípulo conforme al modelo. Hay, pues, un original que debe ser reproducido, que tiene que ser copiado. Una pedagogía desde el punto de vista literario, en cambio, no entiende básicamente la formación como "conformación" sino como "transformación". No hay un modelo a imitar, un original, porque no hay ni origen ni comienzo. Si lo hubiere nos volveríamos a encontrar con un principio metafísico, con una Verdad, con una Realidad fuera del espacio y del tiempo. Nos encontraríamos con un texto sin contexto. No, no hay comienzo. En una educación literaria no nos transformamos para imitar a un modelo, sino para vivir, para seguir vivos. La transformación es el movimiento de la vida, y la tarea del maestro es mantener viva la metamorfosis (Canetti). Ahora bien, toda transformación es ambigua, indeterminada, incierta. En toda transformación existe el riesgo de la "deformación", pero es el riesgo que no queda más remedio que asumir para seguir viviendo.

Es desde este punto de vista que creo que se tendría que replantear la cuestión del sentido. En una pedagogía como la que he propuesto en este ensayo el sentido tiene que inventarse. El sentido no puede darse, no puede descubrirse, como si fuera algo que está ahí afuera, inmutable, esencial. El sentido está abierto a la incertidumbre, a lo imprevisto. Por eso la cuestión del sentido solamente puede plantearse desde el punto de vista literario, porque como escribió Odo Marquard (2001:64),

> *"las historias han de ser narradas. No son predecibles como procesos regulados por leyes naturales o como acciones planificadas, porque sólo se convierten en historias cuando sucede algo imprevisto".*

Mi propuesta quedaba indicada en el título de este ensayo: *la sabiduría de lo incierto*. La tarea de la educación, del magisterio, sería la de abrir la posibilidad de un nuevo tiempo y un nuevo espacio, pero, al mismo tiempo, ofrecer unas claves antropológicas para que cada uno de los alumnos puedan enlazar con su pasado, bien sea para recuperarlo o para negarlo.

Desde esta perspectiva, toda ética es ambigua, contingente, incierta. La ética es como un viaje, un *viaje de transformación*. Una transformación que no puede programarse porque si se programara ya no sería una verdadera transformación. Pero además, como he mostrado en otros lugares, la ética es una relación de responsabilidad con el otro, con el recién llegado. Y, como decía antes, ser ético consiste en darse al otro, en cuidar de él o de ella, de sus alegrías y de sus sufrimientos. Pero ser ético es también estar atento a la historia, especialmente a aquellos momentos de la historia en los que el mal radical ha hecho su aparición: genocidios, deportaciones masivas, campos de concentración y de exterminio, etc... Así, un núcleo ético ineludible es, a mi juicio, el hecho de mantener viva la herencia de un pasado (especialmente el pasado de las víctimas, la experiencia histórica del mal) y el deseo de un futuro mejor. Por eso quiero terminar dando la palabra a Max Horkheimer (2002:168):

"Los mártires anónimos de los campos de concentración son los símbolos de una humanidad que aspira a nacer. Traducir lo que han hecho a un lenguaje que sea escuchado aunque sus voces perecederas hayan sido reducidas al silencio por la tiranía, he aquí la tarea de la filosofía".

Bibliografía

BAUMAN, Z. (2002): *La ambivalencia de la modernidad y otras conversaciones*, Barcelona, Paidós.

DUCH. L. (1997): *La educación y la crisis de la modernidad*, Barcelona, Paidós.

GALIMBERTI, U. (1999): *Psiche e techne. L'uomo nell'età della tecnica*, Milán, Feltrinelli.

HORKHEIMER, M. (1986): *Ocaso*, Barcelona, Anthropos.

——— (2000): *Anhelo de justicia*, Madrid, Trotta.

——— (2002): *Crítica de la razón instrumental*, Madrid, Trotta.

HUSSERL, E. (1991): *La crisis de las ciencias europeas y la fenomenología trascendental*, Barcelona, Crítica.

KUNDERA, M. (1998): *La insoportable levedad del ser*, Barcelona, Tusquets.

MARGALIT, A. (1997): *La sociedad decente*, Barcelona, Paidós.

MARQUARD, O. (2001): *Filosofía de la compensación. Escritos sobre antropología filosófica*, Barcelona, Paidós.

MUSIL, R. (2001): *El hombre sin atributos*, vol. 1, Barcelona, Seix Barral.

NIETZSCHE, F. (1979): *Así habló Zaratustra*, Madrid, Alianza.

STEINER, G. (1992): *En el castillo de Barba Azul. Aproximación a un nuevo concepto de cultura*, Barcelona, Gedisa.

VAN MANEN, M. (1998): *El tacto en la enseñanza. El significado de la sensibilidad pedagógica*, Barcelona, Paidós.

WITTGENSTEIN, L. (2003): *Tractatus logico-philosophicus*, Madrid, Alianza.

Segundo Ensayo:

Finales de trayecto

*"De no existir otro
ser vivo que yo,
¿podria haber una ética?"*

Ludwig Wittgenstein,
Diario filosófico

1. Introducción

Desde una perspectiva fenomenológica el ser humano se caracteriza estructuralmente por su finitud. Sabemos que hemos nacido y tenemos la certeza de que vamos a morir. No hemos elegido ni el lugar ni el momento del nacimiento y tampoco escogeremos ni el lugar ni el momento de nuestra muerte. Pero, aunque es estructural, la finitud no es "esencial" (al modo metafísico), sino que deberá expresarse culturalmente, es decir, en un tiempo y en un espacio concreto. En otras palabras, cada ser humano vive desde su particular cultura su finitud, pero el hecho mismo de ser finitos pertenece al "modo de ser" de los hombres y mujeres en sus mundos.

Antes de proseguir mi argumentación estimo necesario a modo de introducción precisar un poco más detalladamente cómo concibo la finitud. Que el ser humano sea finito significa que no es absoluto, que siempre vive en una urdimbre de interpretaciones, que constantemente anda situándose (y resituándose) en una tradición, en un espacio y en un tiempo. En este sentido, la finitud rompe la dicotomía "absoluto/ relativo". Una antropología filosófica de la finitud sostiene que nada hay absoluto en la vida humana, pero no por ello puede ser calificada de relativista. La finitud mantiene la tensión entre lo absoluto y lo relativo, entre lo universal y lo particular, entre la estructura y la historia.

Por su modo de ser finito, el ser humano existe en la provisionalidad, y es desde ésta que se formula su interrogante esencial: el sentido de la vida, un interrogante que precisamente por su naturaleza finita nunca será capaz de responder pero tampoco jamás podrá dejar de formularse. La grandeza y, al mismo tiempo, la miseria del ser humano radica en ser inevitablemente finito, en no poder encontrar el sentido último y definitivo a su existencia, porque el sentido no es trascendente, al modo metafísico —eso supondría, como muy bien advierte Wittgenstein en su *Diario*, admitir la existencia de Dios—.[1] El sentido tiene que ver con la situación y la relación con uno mismo, con el mundo y con los demás, algo que más que descubrirse tiene que inventarse y reinventarse en cada momento.

Necesariamente hombres y mujeres siempre están obligados a reconsiderar su situación en el mundo, su posición, deben interpretar y reinterpretar constantemente su pasado y su presente, así como sus deseos y sus aspiraciones. Preguntarse por el sentido significa que hombres y mujeres no pueden evitar recapacitar sobre sus relaciones con los demás, con sus antepasados, con sus contemporáneos, e incluso con sus sucesores. La finitud humana, pues, impide descubrir

---

1. "*...Podemos llamar Dios al sentido de la vida, esto es, al sentido del mundo*". (Wittgenstein, 1982:126).

"el" sentido de la vida y obliga a un replanteamiento siempre inacabado de la tradición en la que cada uno ha nacido, del momento presente que le ha tocado vivir, y del futuro que anhela y desconoce. Por todo ello, como intentaré mostrar en este ensayo, una antropología filosófica de la finitud tiene la necesidad de tratar tanto de las presencias como de las ausencias o, todavía mejor, de las ausencias en las presencias y de las presencias en las ausencias. En una palabra, como veremos más adelante, una antropología filosófica de la finitud debe enfrentarse ineludiblemente con la cuestión de la memoria.

El título del presente ensayo, *Finales de trayecto*, responde a mi convicción de que la modernidad es un proyecto definitivamente acabado y de que ya es hora de repensarlo todo a la luz de los acontecimientos del siglo recién terminado. La ética y la educación no pueden pensarse al margen de los trayectos históricos que en cada momento van configurando su modo de ser en el mundo. En otras palabras: aunque no me atrevo a sostener que en las vidas de los seres humanos todo sea historia, sí que estoy convencido de que todo pasa en la historia, o también, de que la historia es ineludible. Sostener esta premisa no es otra cosa que partir del supuesto de la finitud inevitable de la existencia humana. La tarea de la filosofía de la educación que me propongo esbozar a continuación responde, pues, a estos prejuicios.

2. La situación biográficamente determinada

Pero vayamos paso a paso. Algunos filósofos, como por ejemplo Jean-Paul Sartre, sostienen que el hombre es el ser que decide lo que quiere ser (Sartre, 1988). Para una antropología de la finitud como la que estoy dibujando, en cambio, la decisión sobre lo que uno es únicamente puede tomarse a partir de la relación que se establece con lo que ya se es, con la tradición simbólica[2]. *"El ser humano es lo que ha sido"*, escribe Hans Blumenberg (2004:56). Gran parte de esta decisión se configura a partir de la interpretación que conseguimos establecer con nuestra situación espacio-temporal que nos ha sido dada. Esto significa que no hay posibilidad alguna de elección absoluta, porque los seres humanos somos inevitable e ineludiblemente finitos.

El concepto de *situación* es fundamental para entender el modo de ser de los hombres y mujeres en sus mundos. Estamos *"siempre en situación"* (Jaspers, 1983:18)[3], pero hay que tener muy presente que "estar en situación" quiere decir estar en *una* situación que no está escrita ni decidida totalmente de antemano, aunque esto no significa que no esté en absoluto esbozada. En otras palabras, al nacer cada uno de los recién llegados se encuentra en una "situación biográficamente determinada" que no ha escogido y que sólo en parte podrá variar[4]. Según puso de manifiesto Alfred Schütz,

> *"a esta situación biográficamente determinada pertenece no sólo mi posición en el espacio, el tiempo y la sociedad, sino también mi experiencia de que algunos de los elementos del mundo presupuesto me son impuestos, mientras que controlo o puedo controlar otros, que por consiguiente son principalmente modificables"* (1990:9; o su traducción al castellano, 2003:93).

Venir al mundo no es en modo alguno llegar a un lugar en el que todo está por hacer o por decidir. Bien al contrario,

---

2.   O, como dice Odo Marquard, lo nuevo no es posible sin lo viejo, el porvenir necesita provenir. Véase Marquard (2001:69-80).

3.   Véase también Rombach (2004).

4.   Tomo este importante concepto ("situación biográficamente determinada") de la obra de Schutz (1990:76-77 o su traducción al castellano, 2003:93).

arribamos a una tradición simbólica ya constituida que podremos cambiar y transformar, pero nunca estaremos completamente libres de este universo "impuesto". Mi situación biográfica define, en buena medida, mi modo de situarme en el escenario del mundo, de interpretar sus posibilidades y de enfrentarme a sus retos y desafíos. Pero de la misma manera la *situación* es (o debería ser) el detonante del *deseo*. Si no podemos eludir la situación encontrada, tampoco podemos evitar soñar, desear, anhelar, ser de otro modo, de otra manera, en otras circunstancias. Son aquellos "pequeños sueños diurnos" de los que se ocupa Ernst Bloch al comienzo de su libro *El principio esperanza*. Soñar, para Bloch, significa que nunca quedamos atados al lugar (Bloch, 2004:50).

Bien es verdad que la mayoría de las veces no ponemos en cuestión nuestra situación en el mundo. La tomamos como premisa. El mundo se convierte en algo dado por supuesto, por descontado, y probablemente no puede ser de otro modo. Sin embargo, hay otras ocasiones en las que la situación resulta enormemente problemática. Surge entonces de nuevo la cuestión del sentido, la decepción frente a la situación encontrada y el deseo de una nueva situación. Precisamente porque vivimos en esta inacabable *tensión* entre la "situación encontrada" y la "situación deseada", porque el sentido de nuestra vida no es algo definitivamente hallado en la situación encontrada ni resuelto de una vez por todas en la situación deseada, el ser humano está obligado a narrar. Cada uno de nosotros es un *homo narrans*, esto es, un ser enredado en historias, porque es un ser que vive en la tensión entre "lo que hace" y "lo que le sucede". Solamente a través de la narración, del relato siempre dinámico y cambiante de nuestra existencia, cada ser humano puede inventar el sentido de su vida. Y es a través de las narraciones que nos cuentan y que nos contamos configuramos nuestra identidad, una identidad siempre en devenir, siempre provisional. Gracias a los relatos podemos responder (y responder es siempre un respondernos a nosotros mismos frente a los demás) a las preguntas fundamentales: ¿Qué soy? ¿Quién soy? ¿Qué sentido tiene mi vida?

Solamente es posible encontrar un sentido a la vida al narrarla. El sentido depende de nuestro poder de expresión, de nuestra capacidad narrativa. Este es un rasgo ineludible de la vida humana. Está claro que para dar un sentido a mi identidad necesito de una narración, de una articulación narrativa de mi vida, y para una filosofía de la finitud no puede haber narrativa sin memoria, es decir, sin despliegue en el tiempo, sin establecer enlaces con los antepasados, con los contemporáneos y con los sucesores. Advierto que no creo que para ello sea necesaria una percepción del bien. Creo que es suficiente, amén de ser lo único a lo que podemos aspirar como seres finitos, una sensibilidad frente al mal, frente al sufrimiento del otro, frente a la humillación.

En resumen: somos en una situación biográficamente determinada. Esto significa que somos contingentes, que nos hemos encontrado en un trayecto histórico, que existimos en situación, en un tiempo y en un espacio, que somos animales simbólicos y narrativos…, todo ello quiere decir que el *proyecto* (futuro) siempre se configura desde una *herencia* (pasado), pero también significa que no estamos nunca completamente fijados por nuestra herencia, aunque el proyecto dependa, en mayor o en menor medida, de la situación de cada uno en su tiempo y en su espacio o, en otras palabras, de la situación en su tradición.

Resulta de suma importancia tener muy presente que es en su propia situación, es decir, en su finitud, donde los seres humanos desvelan sus ansias de infinitud. Por esta razón, soy de la opinión que —a diferencia de lo que suele creerse—, "finitud" e "infinitud" no se oponen al modo de una lógica binaria tan habitual en la filosofía occidental. No.

Los seres humanos somos finitos con deseos infinitos. Es más, precisamente porque somos finitos tenemos deseos infinitos, porque todo deseo es siempre y en todo momento un deseo utópico, imposible de realizar, un deseo contrario a las situaciones encontradas. La auténtica infinitud nace precisamente de la posibilidad, en un mundo inacabado, de ser otro, de ser de otra forma, de negarse a confirmar la identidad heredada y de desear, siempre inacabablemente, configurar una nueva identidad.

Decía más arriba que el ser humano es un *homo narrans*, un ser enredado en historias, heredero de un tiempo pasado, pero también abierto a un futuro incierto, a un porvenir implanificable, porque en la medida en que somos capaces de narrar, esto es, de dar un sentido a la situación heredada, de cambiar simbólicamente el pasado, nos proyectamos, esperamos, deseamos. Y es en esta "tensión" entre el pasado (lo que nos ha sido dado), y el futuro (lo que deseamos) que se configura el presente. El presente del ser humano no está libre ni de la herencia ni del proyecto. Su pasado no está al margen del futuro (eso sería incurrir en un determinismo radical), ni tampoco su futuro está al margen del pasado (lo que sería defender un absolutismo de la innovación). No sé si es verdad que siempre somos más nuestras contingencias y casualidades que nuestra elección, más bien me inclino a pensar que somos la tensión entre ambas. El ser humano —todo ser humano— se mueve en medio de una tensión jamás resuelta del todo entre viaje, trayecto, éxodo y asentamiento, instalación y estabilidad.

Cierto es que a veces lo contingente (lo indisponible) no lo podemos cambiar, pero sí se puede cambiar la relación que establecemos con nuestra situación biográfica. De lo que estoy convencido es de que podemos variar la "forma" que le damos a la contingencia o, por decirlo más claramente, la manera de configurarla. Para ello es necesario el relato. Las narraciones, especialmente las narraciones míticas, siempre han sido formas de habérselas con la contingencia. Como sostiene Hans Blumenberg, el mito es una reducción de lo monstruoso para la vida humana. Para hacer soportable el caos, las narraciones míticas comienzan dando nombre a las cosas. "*El pavor que ha encontrado de nuevo asilo en el lenguaje es así soportado*", escribe Blumenberg (2003:42). Cada nacimiento supone una nueva angustia ante lo desconocido. Esta angustia nace de la falta de protección, porque los seres humanos son seres abandonados a la indeterminación. Cada llegada al mundo es una nueva experiencia, es un "choque" con la realidad, con la contingencia. *Padecer una experiencia* es precisamente esto: chocar con lo real, y esto produce desamparo y, a veces, terror. Por eso los seres humanos andan necesitados de consuelo, de amparo, sobre todo frente a la experiencia de la muerte (la propia y la de los demás), y no pueden soportar este "choque" más que configurando un mundo habitable, un universo cordial, un cierto cosmos, o, para decirlo con la acertada expresión de Peter Berger, "*un gesto ordenador*" (1975:99). Esta "cosmización", esta confianza en los demás y en el mundo, consiste en un "*empalabramiento* (simbólico, narrativo) de la realidad" (Duch, 2002). "Dar nombre" a las cosas quiere decir convertir el mundo extraño y desconocido en un tiempo y en un espacio familiar. Toda confianza en el mundo —escribe Blumenberg—, comienza con los nombres de los cuales se pueden narrar historias.

Las historias de los seres humanos pueden entenderse, pues, desde este punto de vista, como "gestos ordenadores", como formas de "ordenar simbólicamente" el sentido del tiempo y del espacio. Tradicionalmente estas formas configuradoras de sentido han sido transmitidas por las instituciones educativas. La educación tenía (y tiene) la misión de situar provisionalmente a los seres humanos en un mundo-consentido, y de ubicarles simbólicamente (lingüísticamente) en su tiempo y en su espacio. Pero en la modernidad irrumpe la crisis.

3. Las crisis de la modernidad

Karl Marx, Friedrich Nietzsche y Max Weber han sido algunos los pensadores que más y mejor ya diagnosticaron este mundo incierto en el que vivimos. Todo lo sólido, lo perdurable, lo que nos fue útil en el pasado, en la modernidad es dejado de lado por mercancías rápidas y reemplazables, y la mirada de los hombres es una mirada *"fría"* (Marx/Engels). *"Dios ha muerto"* (Nietzsche), y el mundo se ha *"desencantado"* (Weber). Los tres —Marx, Nietzsche y Weber—, insisten en algunos aspectos que me parecen esenciales: la sobreaceleración del tiempo, la pérdida de los puntos de referencia estables, la secularización... En una palabra: en la crisis generalizada.

La crisis de la modernidad es generalizada porque abarca todos y cada uno de los elementos de la vida social. Peter Berger y Thomas Luckmann se refieren a *"la pérdida de lo dado por supuesto"* para mostrar precisamente esta *"problematización del mundo"*, de la sociedad, de la vida, y de la identidad. En otras palabras, crisis significa que:

> *"ninguna interpretación, ninguna gama de acciones posibles puede ya ser aceptada como única, verdadera e incuestionablemente adecuada. Por tanto, a los individuos les asalta a menudo la duda de si acaso no deberían haber vivido su vida de una manera absolutamente distinta a como lo han hecho hasta ahora"* (Berger y Luckmann, 1997:80).

Pero lo que a mí me interesa básicamente (aunque no exclusivamente) en la crisis de la modernidad es la "cuestión pedagógica", es decir, la transmisión de sentido. Si la

modernidad es un "mundo incierto" lo es porque las instituciones que tradicionalmente eran las encargadas de transmitir el sentido, esto es, las referencias compartidas (estoy
pensando en la familia y la escuela), no poseen hoy en día
los mecanismos para ejercer su función. Los hombres y las
mujeres no encuentran "puntos de referencia" mínimamente
estables portadores de sentido para ubicarse cordialmente
en su mundo. (Los únicos puntos que aparecen remiten al
"sistema tecnológico", a la "lógica instrumental"). Esto tiene
una consecuencia evidente en la situación espacio-temporal
de los seres humanos: ni el presente del pasado ni el presente
del futuro despiertan el interés de los hombres y mujeres de
nuestro tiempo. Vivimos en una "cultura incierta". En otras
palabras, nuestro tiempo está "simbólicamente desestructurado". En un universo de esta índole, la transmisión del
sentido está seriamente amenazada. Para muchas personas
esto supone un auténtico vértigo, una verdadera caída en el
"vacío existencial".

Esto significa, en primer lugar, que el espacio deja de ser
un punto de referencia para la construcción de la identidad
(personal o colectiva). No nos reconocemos en el espacio,
o, lo que es lo mismo, el lugar deja de tener valor simbólico,
no configura identidad. Pero la crisis de experiencia se manifiesta también en el tiempo. Podría decirse que, quizás todavía en mayor medida que el espacio, es el tiempo la víctima
principal de la crisis moderna. Los seres humanos no tienen
más remedio que desplegar su existencia en trayectos tem-
porales. El lenguaje humano no puede eludir ni los tiempos
verbales (pasado, presente y futuro), ni los adverbios (aquí
y allí, hoy y mañana...) Los seres humanos, para decirlo con
Octavio Paz, somos "los hijos del tiempo". Pero el tiempo
siempre lo es de una cultura concreta y, en el momento
actual, se ha sobreacelerado. La *novedad* se impone dogmá-
ticamente, hasta el punto que deja de ser verdaderamente

nueva, porque el sistema siempre es el mismo. El sistema propio de la modernidad, el sistema tecnológico, no admite, no tolera la novedad, una novedad que obligaría a repensar el propio sistema desde sus más profundos fundamentos. Por esta razón, nos encontramos en un sistema totalitario.

En resumen: la modernidad es la época de la crisis generalizada, un universo en el que las instituciones (familia y escuela) se ven impotentes para realizar su función transmisora de sentido y, por esta razón, la modernidad se convierte en un mundo simbólicamente desestructurado, es decir, en un momento histórico en el que el tiempo y el espacio dejan de ser humanizadores, es decir, configuradores de sentido, de identidad, de lazos sociales, de semánticas cordiales, para convertirse en lugares de anonimato y en cambios patológicos. Pero no interprete el lector que todo esto lo digo en un sentido nostálgico, pensando en que "cualquier tiempo pasado fue mejor". No, no se trata de esto, entre otras cosas porque considero que el proceso es totalmente irreversible. La modernidad, a diferencia de lo que piensa Habermas, es un proyecto definitivamente acabado.

Pero quiero ir ahora un poco más lejos en mis consideraciones. Creo que hay tres aspectos que resultan particularmente importantes si se desea estudiar la crisis del hombre moderno; a saber: el lenguaje, la burocracia y la tecnología. En primer lugar, la crisis de la modernidad es ante todo y sobre todo una profunda crisis de lenguaje. Por un lado, el lenguaje sígnico ha colonizado al lenguaje simbólico y, por otro, la imagen mediática gobierna nuestro mundo de la vida cotidiana. Podríamos decir, en definitiva, que, en lo referente al lenguaje, en la modernidad hay tres fetiches: el hecho, la cifra y la imagen. No me puedo detener aquí a estudiar cada uno de ellos en detalle. Solamente que gustaría apuntar que literariamente, un magnífico ejemplo del fetichismo de los hechos en la modernidad es la novela de Charles Dickens,

Tiempos difíciles. La modernidad es una sociedad de ídolos, de fetiches, es una cultura idolátrica.

En segundo lugar, esta crisis de lenguaje va acompañada de uno de los acontecimientos más importantes de la sociedad moderna: la burocracia. La aparición de la figura del funcionario especializado en todos los niveles del orden social es típica de la cultura moderna. Porque lo específico de la modernidad no es tanto el funcionario en sí, sino su lógica, la lógica del funcionariado, de la especialización, de la intercambiabilidad. Esto conlleva un incesante proceso de anonimización. Al sistema burocrático no le interesa saber quiénes somos. Para la burocracia, la vida entera es un expediente. En este sentido es ineludible la lectura de las novelas de Kafka, especialmente *El castillo*. La burocracia es el principio administrativo de la sociedad moderna. Y las relaciones entre las personas no son relaciones de autoridad sino de poder, un poder que se ejerce a través del cargo que el poderoso desempeña en el sistema social.

En tercer lugar, la crisis se agudiza con el imperio de la racionalidad instrumental que todo lo puede y que todo lo abarca. La razón instrumental es la racionalidad propia de la modernidad, una racionalidad que avanza hacia no se sabe dónde. Ya no tiene obstáculos. Esto lleva consigo, desde un punto de vista antropológico, enormes consecuencias. Podríamos decir que en la modernidad, con la transformación de la técnica en tecnología, en sistema tecnológico, hay una proliferación de *experimentos* que sustituyen a las *experiencias*. O, dicho con Odo Marquard (2000:115),

"las modernizaciones consisten en la sustitución (parcial) de los mundos de procedencia mediante mundos objetivos probados experimentalmente y generados técnicamente, que a su vez requieren (para que se oriente en ellos) al ser humano intercambiable a costa de sus diversidades tradicionales. El ser humano se convierte ahora también dentro de su mundo de la vida en

experto, y lo que es se convierte en cosa: en objeto exacto, en instrumento técnico, en producto industrial, en mercancía calculable económicamente, todo lo cual uniformiza a los mundos de la vida porque conduce a la globalización; en pocas palabras: vencen las uniformidades".

Así pues, los tres aspectos señalados como fundamentales en la crisis de la modernidad (lenguaje, burocracia y tecnología) han dado lugar a tres elementos sumamente perversos que caracterizan este mundo incierto en el que vivimos: el primer lugar, la idolatría de la cifra, del hecho y de la imagen; a continuación, la figura del funcionario; y finalmente, el experto. Su irrupción ha barrido literalmente uno de los artefactos antropológicos de primera magnitud: la memoria, y con ello ha surgido, como ya comentaba más arriba, una profunda crisis de identidades y de sentido. En el próximo apartado voy a reflexionar sobre este último aspecto.

4. Memoria y tiempo

He dicho al principio que la finitud es una característica estructural de la naturaleza humana, y esta finitud se concreta, desde un punto de vista antropológico, en la contingencia. Somos finitos, esto es, contingentes en el doble sentido de esta palabra. Ser contingente significa, en primer lugar, que los seres humanos somos en el mundo, pero que podríamos no haber sido nunca, es decir, que nuestra vida es fruto del azar; en segundo lugar, significa también que en el modo de ser del hombre en el mundo existe un ámbito de indisponibilidad. Me encuentro en una situación que yo no he escogido, con una lengua materna que me ha sido dada, con un nombre, una familia, un sexo, una ciudad, una tradición simbólica... Todo ello queda fuera de mi alcance, de mi decisión. Pues bien, diré de entrada que, desde la perspectiva de una antropología filosófica de la finitud humana, la memoria es la facultad que poseen los seres humanos para reconocerse e instalarse en su contingencia, en esas "situaciones de indisponibilidad".

Por esta razón es de un interés enorme considerar las condiciones de posibilidad de una formación de la memoria. La memoria tiene que ser formada para que los seres humanos podamos instalarnos "saludablemente" en nuestras situaciones. Como advirtió Gadamer en *Verdad y método* (2001:45), "*sería ya tiempo de liberar al fenómeno de la memoria de la nivelación dentro de la psicología de las capacidades reconociéndolo como un rasgo esencial del ser histórico y limitado del hombre*". En efecto, la memoria es una facultad estructural del modo de ser finito de los seres humanos. Todo hombre, desde el momento en que es en el mundo, rememora porque es ineludiblemente finito. Es por esta razón que la finitud es estructural. Pero, al mismo tiempo, la memoria también es un fenómeno cultural. Como puso de manifiesto Maurice Halbwachs en *Los marcos sociales de la memoria*, la mayoría de nuestros recuerdos se manifiestan en el momento que nuestros parientes, amigos u otras personas los evocan. Muchas veces nos asombramos cuando leemos en los tratados de psicología donde se estudia el tema de la memoria, que el hombre pueda ser estudiado como un ser aislado. Los seres humanos recordamos en sociedad, porque es allí donde evoca, localiza y reconoce sus recuerdos. Cada uno de nosotros se acuerda de lo que los otros le inducen a recordar. Mi memoria se apoya en la de los demás.

Sólo tiene sentido rememorar para un ser finito y cultural, para un ser que se sabe, que se reconoce, finito, porque sólo un ser así está inscrito en una cultura, en el trayecto temporal (pasado, presente, futuro), y sólo rememora el que puede olvidar, el ser que acoge sobre sí mismo la amenaza (aunque a veces sea una liberación) del olvido. De ahí que en ningún caso puede identificarse "memoria" con "recuerdo" o, si se prefiere, con "negación del olvido". El recuerdo absoluto (lo mismo se podría decir del olvido absoluto) es una señal de la antimemoria humana. Recordarlo todo y olvidarlo todo producen el mismo efecto: la deshumanización del ser humano, es decir, su adscripción a otro ámbito de la realidad (divino o bestial) pero totalmente al margen del modo de ser humano en el mundo.

También quisiera dejar bien claro desde ahora que de ninguna de las maneras al hablar de la memoria voy a referirme a la recuperación de un tiempo perdido, o que reivindico una especie de nostalgia del pasado. De hecho, como señala Milan Kundera en su novela *La ignorancia*, la añoranza es la muerte de la memoria, porque cuanto más fuerte es la añoranza más vacíos quedamos de recuerdos, "*porque la añoranza no intensifica la actividad de la memoria, no suscita recuerdos, se basta a sí misma, a su propia emoción, absorbida como está por su propio sufrimiento*" (Kundera, 2000:39).

No, la memoria no es nostálgica porque no se refiere al pasado sino al tiempo, al trayecto temporal (pasado, presente, futuro). Por otro lado, debería tenerse muy presente también que el interrogante acerca del qué soy, acerca de la identidad, es inseparable de la memoria. Además de ser la facultad, como ya he dicho, que nos permite instalarnos en el tiempo, la memoria también se puede concebir entre otras cosas como lo que permite a cada ser humano "tener" una identidad. Sin memoria no podríamos no solamente responder a la pregunta "¿quién soy?", sino ni siquiera formularla. Podríamos decir que la memoria proporciona el vínculo con un "marco referencial", con una "tradición simbólica" imprescindible para que cada ser humano pueda configurar su identidad. Nadie puede liberarse completamente de estos "marcos". Pues bien, desde el punto de vista de una antropología filosófica de la finitud humana, la facultad que permite la ubicación en un marco referencial, en una tradición simbólica, es la memoria. Por ello sin memoria no sería posible la instalación en el espacio y en el tiempo, ni la relación con los otros (especialmente con los que me han precedido, los antepasados, pero también los contemporáneos, puesto que las relaciones que establezco en el presente tienen siempre algo que ver con las que me precedieron), ni la identidad.

Este último aspecto es de gran importancia: no puede haber identidad (o identificación) sin un cierto sentido de la vida, aunque sea un sentido frágil y, como todo lo humano, provisional. Sin memoria no tendríamos identidad, y sin identidad (o identificación, siempre inacabable, siempre inscrita en el tiempo y por lo tanto provisional y revisable) no sería posible no sólo responder a la pregunta por el sentido, sino ni siquiera plantearla. La relación entre identidad y sentido se observa especialmente en el momento en que alguien se encuentra inmerso en una crisis de identidad. Una crisis de estas características suele manifestarse como una forma extrema de desorientación. Uno no sabe quién es, ni hacia donde dirigirse. Una crisis de identidad se puede percibir como una desconcertante incertidumbre. En definitiva, *memoria*, *identidad* y *sentido* son una única cuestión, porque para los seres humanos, el sentido tiene que ver con la situación en el mundo, con la orientación en el espacio y en el tiempo, tiene que ver, por lo tanto, con la identidad, así como con la memoria.

Sería un error importante fijar la memoria en la recuperación del pasado, y, por lo mismo, el sentido de la vida en el vínculo a una comunidad ya dada y a una identidad ya prefijada que el individuo tiene que limitarse a reproducir. No. Desde mi punto de vista, la memoria es una facultad que expresa la finitud humana, esto es, el tiempo humano, el trayecto temporal, el pasado, el presente y el futuro, porque nos pone en relación con el pasado o, para decirlo con palabras de Odo Marquard, con la *contingencia por destino*, con lo que puede ser de otra manera pero no lo podemos cambiar y nos marca de una manera imborrable. Pero también es la memoria la que nos abre al futuro, a lo todavía no consciente. En otros términos: hemos nacido en un tiempo (en un horizonte temporal: pasado, presente y futuro) y en un espacio (hogar, ciudad, geografía). Podríamos haber nacido en otro tiempo y en otro espacio, pero una vez llegados al mundo el tiempo y el espacio de nuestro nacimiento ya no pueden cambiar. La memoria expresa esta condición finita y contingente del ser humano que nos recuerda cuándo y dónde hemos nacido, por eso es configuradora de identidad, pero también —y esto es decisivo—, la memoria muestra que nada es definitivo, que la identidad es más bien un "inacabable proceso de identificación" y que queda mucho por hacer.

Somos seres "rememoradores", interpretamos el presente, el mundo de nuestros contemporáneos, y no tenemos otro remedio que establecer relaciones con ellos, y en toda interpretación del presente está, conscientemente o no, el recuerdo (y el olvido) de lo que somos, de lo que hemos sido: el lenguaje, nuestros gustos culinarios, los traumas de nuestra infancia, la escuela... El presente nunca está completamente libre de las contingencias del pasado, y nunca lo podrá estar porque rememoramos involuntariamente, porque interpretamos el presente a la luz más o menos intensa del pasado. Y de nuevo aparece la finitud humana. Si fuésemos absolutos podríamos desligar el presente del pasado, y comenzaríamos a partir de cero, crearíamos a voluntad. Pero los seres humanos, aunque así lo desearan, no pueden crear libremente; al contrario, el presente se recrea a partir de la experiencia del pasado (la propia de uno mismo o la transmitida). Se hace experiencia del presente desde otra experiencia heredada, desde la experiencia de mi pasado o del pasado de los otros. Y, al mismo tiempo, la memoria nos abre a la esperanza. Aunque pudiera parecer paradójico, creo que una memoria fijada en el pasado, esto es, una memoria nostálgica, es una perversión de la memoria. La memoria posee una ineludible vocación temporal, es decir, se despliega en el pasado, ciertamente, a través del recuerdo y del olvido, pero al mismo tiempo, incide (críticamente) sobre el presente, nos sitúa en el presente y nos abre a un futuro incierto. Por eso insisto en la idea de que es, a mi juicio, un grave error identificar "memoria" o "rememorar" con "recuerdo" o "recordar". Ciertamente, en toda memoria hay recuerdo, pero la memoria va más allá del recuerdo. La memoria es tiempo.

Al inicio del capítulo 6 de *La montaña mágica* de Thomas Mann encontramos una de las múltiples reflexiones sobre el tiempo que Hans Castorp realiza a lo largo de la novela. El capítulo se titula *Veränderungen* (Cambios) (Mann, 1974:479). ¿Qué es el tiempo? Y la respuesta, siempre provisional y no desprovista de incertidumbre es: "el tiempo produce". Pero, ¿qué produce? "Produce el cambio". Pues bien, sostener que la memoria es tiempo no quiere decir más que esto: la memoria es la facultad que nos permite ubicarnos, aunque nunca definitivamente, en los múltiples cambios a los que nuestra identidad espacio-temporal nos tiene sometidos. La memoria hace posible que nos recoloquemos en el cambio.

Para una antropología filosófica de la finitud humana, otro de los aspectos más interesante de la memoria es su relación con la ética. No hay ética sin memoria o, lo que es lo mismo, no hay ética sin tiempo (y espacio), no hay ética sin finitud, sin situación, sin relación, sin cambio ni transformación. A diferencia de lo que suele creerse, la ética no sufre en condiciones de ambivalencia, ni de metamorfosis. Todo lo contrario. Si los seres humanos fueran infinitos la ética no tendría sentido. La ética es el resultado de la finitud humana. Dios, si existe, no necesita de ninguna ética. Veámoslo a continuación un poco más detalladamente.

5. Ética de la finitud

Es necesario tener bien presente que, desde la perspectiva de una antropología filosófica de la finitud humana, la ética es narrativa, o si se quiere antimetafísica, entendiendo por "metafísica" el trayecto inaugurado por el "Poema" de Parménides y, más adelante, continuado por Platón en el *Fedón* (99 c-d) en la conocida metáfora de la "segunda navegación". Dicho de forma clara y breve: en esta metáfora se inicia el periplo metafísico más importante de la historia de la filosofía occidental. Este itinerario consiste en suponer que "detrás" del mundo que vemos, olemos, tocamos... existe un ser meta-empírico, supra-sensible y trascendente. En otras palabras, hay metafísica desde el momento en que se considera que el ser no se reduce al ser sensible, sino que hay otro ser, más real que el primero, verdaderamente real, que se halla más allá de lo sensible. Esta idea que Platón desarrollará en el *Fedón* y en otros diálogos suyos, constituye la piedra de toque de la filosofía occidental con unas consecuencias impresionantes para la ética y la educación. Incluso Kant que en la *Crítica de la razón pura* había rechazado la metafísica al sostener que "*no hay duda alguna de que todo mi conocimiento comienza con la experiencia*", en la *Fundamentación de la metafísica de las costumbres* rechaza la experiencia como fuente de conocimiento ético.

A diferencia de una "ética metafísica", la ética que propongo sostiene que la finitud, la contingencia y la ambigüedad resultan condiciones de posibilidad de la(s) vida(s) humana(s). Esto significa que en todo momento estamos "situados" y, por lo tanto, nunca podemos dejar de ser positiva o negativamente "en-relación-con", "en-referencia-a". Así que, para una ética de la finitud, la existencia humana es un trayecto histórico que no puede ser "capturado" por un pensamiento esencialista y apriorístico, por un discurso substancialista. No cabe duda que una de las preguntas preferidas por la metafísica es: ¿cuándo hay ética?, ¿por qué hay ética?, o incluso para algunos sería ¿por qué debo ser moral? De esta última cuestión me ocuparé más adelante. Vayamos de momento a las dos primeras. Una filosofía metafísica respondería probablemente a estas cuestiones apelando a una supuesta naturaleza o dignidad humana, a la razón, o incluso a la idea de Dios… Para una ética de la finitud, en cambio, la respuesta sería muy distinta. Una ética de la finitud no es metafísica sino antropológica. Por esta razón cree que hay ética porque los seres humanos somos seres que habitamos un mundo incierto (todo universo humano es más o menos incierto), porque establecemos relaciones con los demás (presentes y ausentes) y con nosotros mismos, que no se pueden establecer ni resolver a priori. Desde el punto de vista de una filosofía de la finitud, hay ética porque para los seres humanos resulta ineludible tanto la imprevisibilidad como la ambigüedad. A menudo se cree que la ética sufre en condiciones de incertidumbre, pero para una ética de la finitud es justamente lo contrario. Si se hiciera realidad el ideal cartesiano, si todo fuera "claro y distinto", la ética no solamente sería inútil sino que sería imposible. En definitiva: la ética es posible porque los seres humanos no somos ni buenos ni malos por naturaleza, sino radicalmente ambiguos, es decir, culturales, históricos, situacionales. "*Si todo es natural, no hay sitio para la moral*", escribe Octavio Paz (2003:649). Desde este punto de vista, la ética tiene sus condiciones de posibilidad en los múltiples contextos y situaciones de los seres humanos en sus mundos, en otras palabras, la ética es ella misma "relación". Una antropología filosófica antimetafísica no entiende la ética como la atención a un "deber" puro, impersonal, universal, fruto de un *factum* de la razón pura práctica (el imperativo categórico de Kant), sino como una relación con los otros. La ética es una relación. Ahora bien, ¿cualquier relación es ética?; o más bien hay algún tipo de relación que muestra especialmente lo que es la ética.

En su *Ética*, Dietrich Bonhoeffer comienza diciendo algo que me parece de suma importancia, a saber, que hay que renunciar desde el principio, como no adecuadas, dos cuestiones que suelen formularse al tratar los problemas éticos: "¿cómo me voy a hacer bueno?" y "¿cómo hago yo el bien?" La pregunta ética no puede empezar así, porque cuando el problema ético se refleja esencialmente en la cuestión acerca de la propia bondad y en cómo hacer el bien, entonces la decisión por el yo y el mundo se presenta como la realidad última (Bonhoeffer, 2000:41). En efecto, ni el yo ni el mundo son, desde un punto de vista ético, lo último. Bien al contrario, la ética nace en una situación, en un escenario. La ética empieza con la presencia (ausencia) del otro. Para expresarlo adecuadamente creo que este es el momento de acudir a una bella intuición de Octavio Paz: la *compatía*. La compatía es un sentimiento que consiste en la participación en el sufrimiento del otro. Precisamente porque podemos rememorar, porque somos capaces de vivir el sufrimiento y la muerte del otro presente y ausente, justamente porque sentimos el dolor de los demás como propio, la ética es posible.

En otros lugares, atendiendo a una interesante idea de Levinas, he expresado la ética como una relación de no indiferencia hacia el otro o, si se quiere, como una relación de *deferencia*. Por otro lado, en un contexto completamente distinto al que hasta ahora me he referido, Max Horkheimer hablaba de la "teología" como de un deseo, de un anhelo, del anhelo de que el verdugo no triunfe definitivamente sobre la víctima inocente, del anhelo de que ni el mal ni la muerte tendrán la última palabra (Horkheimer, 2000). Para una antropología filosófica de la finitud esto es precisamente la ética: un *deseo*. Ahora bien, una ética de la finitud sólo podrá presentarse como una "ética negativa", en el sentido de Max Horkheimer o, para referirnos a un autor más reciente, de Zygmunt Bauman. En sus conversaciones con Keith Tester, Bauman sostiene que:

> *"si sabes cómo es exactamente la sociedad buena, cualquier cruel-*
> *dad que cometas en su nombre quedará perdonada y justificada.*
> *Sólo podemos ser buenos los unos con los otros, absteniéndonos de*
> *toda crueldad, cuando no estamos seguros de nuestra sabiduría*
> *y admitimos la posibilidad de un error"* (Bauman y Tester, 2002:73).

Para una antropología de la finitud, la ética se pone en marcha desde el momento en que se vive la experiencia del mal, del horror, de lo demoníaco (Paul Tillich). Sin una sensibilidad frente a la experiencia del mal, sin que esto suponga la "tentación del bien" (Todorov), la ética no tiene ningún sentido. En este orden de cosas, Bauman advierte que aparte de la esperanza de que el mal desaparezca total o parcialmente, no estamos seguros que lo que pueda reemplazarlo sea bueno. Hay que desconfiar de todas las éticas que hablan en nombre del Bien, de todas las éticas que creen conocer "el Camino" hacia la Verdad. Todas ellas resultan sumamente peligrosas. El camino no existe (Nietzsche). Lo que hay, lo que los seres humanos tenemos, sólo son tentativas, senderos, trayectos, sendas perdidas, caminos que no conducen a ninguna parte... En definitiva, como escribe Bauman, ser moral significa no sentirse nunca lo suficientemente bueno o también, para expresarlo con Jacques Derrida: "prohibido el reposo a cualquier forma de buena conciencia" (Derrida, 1995:9). Por esta razón, una ética de la finitud no aspira a una "sociedad buena" o a una "sociedad justa", es decir, a una "ciudad ideal", a una especie de "paraíso terrenal". No; a lo sumo se anhela una sociedad decente, tal como la ha dibujado el filósofo judío Avishai Margalit. Una sociedad decente es aquella que no humilla a sus integrantes, es aquella cuyas instituciones no humillan a las personas (Margalit, 1997:15). Margalit define a la sociedad decente negativamente, y lo hace por varias razones. Entre ellas porque existe una notable asimetría entre erradicar el mal y fomentar el bien. Es más prioritario eliminar males dolorosos que crear bienes disfrutables. En este marco no cabe duda, pues, que los sentimientos ocupan un lugar privilegiado. Desde nuestro punto de vista los "conceptos" (por llamarlos de alguna manera) de la ética son términos sensibles. Sin sensibilidad uno se ve forzado a preguntarse: ¿por qué debo ser moral? Decía antes que me ocuparía más adelante de esta cuestión. Pues bien, estoy convencido de que esta pregunta, como señala con acierto Bauman, es el fin y no el origen de la ética. La pregunta ¿por qué debo ser moral? resulta intolerable, y lo es, precisamente, porque si la aceptamos como pregunta entonces no hay respuesta ética posible. La pregunta *¿por qué debo ser moral?* es una pregunta inmoral, porque significa la destrucción de toda ética, la muerte de la ética. Una pregunta como ésta supone que la ética depende de algo que no es ella misma (la ontología, la teología, la naturaleza…) Para una antropología filosófica de la finitud la ética es el "choque" con la realidad del mundo y de los demás, es la experiencia del otro. Sin la presencia (ausencia) del otro no tiene sentido plantearse la cuestión ética, pero ante la presencia del otro la ética es ineludible. Nos guste o no, el otro es el que despierta el interrogante, la duda, el anhelo, el deseo ético… Literariamente un magnífico ejemplo de lo que estoy diciendo es la novela de Daniel

Defoe *Robinson Crusoe*. Antes de la aparición de Viernes no hay ética posible, no tiene sentido la ética. Con la irrupción de Viernes surge la ética.

Pero ahora volvamos a la cuestión de la memoria que apunté más arriba. Desde el punto de vista de una filosofía de la finitud, la facultad humana necesaria para que se dé la ética es, ante todo y sobre todo, la memoria. Como ya he dicho antes, la memoria es la facultad que poseen los seres humanos para instalarse en sus situaciones, en su trayecto espacio-temporal (pasado, presente, futuro), es decir, por la memoria nos desplazamos en el tiempo y en el espacio, por la memoria nos relacionamos con los demás ausentes y presentes. Además, no cabe duda de que es a través de la memoria que podemos intentar responder a la pregunta por la identidad ("¿quién soy?"). Sin memoria no habría ni identidad, no podríamos construir ningún "proceso de iden-tificación", porque uno de los rasgos que nos constituye a cada uno de nosotros como un ser humano es la relación que establecemos con los demás. Somos lo que somos por las relaciones que creamos con los otros, pero no solamente con los otros que están presentes, sino también con los que están ausentes, tanto con los que ya no están (los antepasados) como con los que todavía no están (los sucesores).

En el próximo apartado reflexionaré sobre las conse-cuencias que tiene esta concepción de la finitud y de la me-moria para la educación. En cualquier caso quiero desde ahora dejar bien clara mi posición: situar a la memoria en el centro de la filosofía de la educación es imaginar la edu-cación como responsabilidad ética. Una educación sin me-moria sería una educación en la que no se tiene en cuenta al otro, y por lo tanto es una educación sin responsabilidad. La memoria es la base para una auténtica educación ética por cuanto es la facultad que nos permite extraer lecciones de la vida pasada y desear un futuro en el que las formas del mal y de lo demoníaco no sean posibles. Estas lecciones no pueden extraerse de la razón comunicativa sino sólo desde una razón anamnética que tenga en cuenta tanto a los presentes como a los ausentes.

6. Ideas filosóficas para una pedagogía de la finitud

La existencia humana es una tensión entre el pasado y el futuro, entre la contingencia y la innovación. Pero es propio de los seres humanos dar sentido a esa contingencia, dominarla simbólicamente e iniciar algo nuevo. El ser humano se encuentra en una situación biográficamente determinada que no puede transformar completamente, pero sí encontrarle un sentido, aprender a vivir en ella. En toda existencia humana hay, al mismo tiempo, persistencia y cambio. Tan negativo sería para el ser humano habitar en un mundo en el que nada cambiara, en el que todo fuera siempre idéntico a sí mismo, como vivir en un universo en el que todo fuera distinto y nada permaneciera. Desde un punto de vista antropológico, la buena salud, el situarse adecuadamente (saludablemente) en un trayecto histórico, reclama, al mismo tiempo, enlazar con el pasado y renovar el mundo.

La nueva sociedad de la información, la sociedad tecnológica, vive en una crisis de memoria. Una crisis de estas características supone también una crisis de tiempo y de espacio, porque el ser humano en tanto que ser contingente y finito no puede instalarse en su tiempo y en su espacio sin la memoria. Una antropología de la finitud, como la que he presentado en este breve ensayo, se dibuja como una apología de la contingencia, de lo indisponible en la vida humana, de la situación heredada, pero también es una apología de la transformación. Una antropología de la finitud es aquella que sostiene que el ser humano es tanto sus realizaciones como sus necesidades.

En esta antropología de la finitud la memoria ocupa un lugar privilegiado. Lo que la memoria nos muestra es que el ser humano no puede existir fuera de la secuencia espacial y temporal. En otras palabras: que el presente de cada uno de nosotros necesita del pasado y del futuro, de la persistencia y del cambio. Por eso en toda memoria hay, evidentemente, recuerdo (y olvido), pero también en toda memoria humana tiene que haber esperanza. De ahí que una antropología de la finitud culmine en una pedagogía de la esperanza.

A continuación voy a ofrecer algunas ideas filosóficas para una educación en un mundo incierto. En primer lugar, hay que tener muy presente que nunca hay conocimiento independiente de la situación de cada ser humano en su mundo. Es lo que anuncio con la tesis: no hay texto sin contexto. O, en otras palabras, no se puede empezar de cero. El sueño de encontrar un "punto arquimédico" del conocimiento y de la ética es imposible. En consecuencia, siempre estamos en una situación, en un trayecto, siempre que pensamos, que actuamos, que hablamos, estamos en un tiempo y en un espacio, en un contexto. Esta es la finitud ineludible de la vida humana. En unos términos más pedagógicos, diría que uno no debería tener miedo a reconsiderar, a rectificar un punto de partida, una decisión ya tomada. La expresión del Rey Lear de Shakespeare: *"Ya lo he jurado; y soy inamovible"* es una clara muestra de "gramática de lo inhumano".

En segundo lugar, una pedagogía de la finitud no debería obsesionarse por obtener unos "datos objetivos", que es algo habitual en un mundo incierto, un mundo falto de puntos de referencia estables y, por lo tanto, de seguridades. Pretender educar a partir de "datos objetivos" es absurdo, además de totalmente imposible, porque no hay datos objetivos, ni tampoco datos libres de prejuicios, ni de interpretaciones.

La memoria no es objetiva, no es neutral, no está vacía. Lo que una pedagogía de la finitud debe tener como punto de partida es una explicitación de sus prejuicios. Esta explicitación significa también que el educador ha de estar dispuesto a cuestionar sus prejuicios y a tener en cuenta la(s) palabra(s) del otro. Una pedagogía libre de prejuicios, una pedagogía que se presente como poseedora de la Verdad (aunque sea una verdad supuestamente científica), como conocedora del Camino, tiene unos rasgos claramente totalitarios. Considerar que es posible prescindir de los prejuicios es equivalente a creer que existen "hechos" sin "interpretaciones" (o sin "lenguaje"), lo cual es imposible.

En tercer lugar en una pedagogía de la finitud es preciso tener bien presente que nada está libre de valor. Precisamente porque no hay hechos sin interpretaciones tampoco hay hechos sin valores. Esto tiene a mi entender una consecuencia fundamental: no existe ninguna pedagogía axiológicamente neutral. No hay primero una teoría pedagógica y después un posicionamiento axiológico. En el caso concreto de la ética sostengo que ésta es el punto de partida de toda educación. Optar por una pedagogía determinada es ya una opción ética que uno debe hacer explícita desde un primer momento.

En cuarto lugar, en preciso advertir que en una pedagogía de la finitud nunca se puede alcanzar una conclusión, es decir, jamás se puede terminar de interpretar, de ningún modo se puede agotar el sentido de un texto. Siempre se puede decir algo más, siempre hay la posibilidad de decir de otro modo, de nuevo, de manera diferente, siempre existe la opción de cambiar el punto de vista, de mirar desde otro lado.

En quinto lugar es fundamental en una pedagogía de la finitud la función del arte y de la literatura. Mientras que a la ciencia le interesa lo objetivo y lo general, a la literatura le preocupa lo particular, lo singular, lo único y lo propio. *De singularibus non est scientia*. En una pedagogía de la finitud tanto el narrador (el autor) como el lector (el espectador) andan ocupados por el detalle, pero esto no es un impedimento para tener pretensiones de universalidad. Una ética de la finitud y de la memoria no renuncia a lo universal, pero sabe que uno no puede aspirar a lo universal con independencia de lo singular. Quizá uno ejemplo muy evidente de lo que trato de decir sería el *Ulises* de Joyce. Leopold Bloom viaja a lo largo de un solo día, el 16 de junio de 1904 a lo largo y ancho de las calles de Dublín. El *Ulises* es la "odisea" de un viaje por una ciudad, un viaje interior y exterior, en el que la anécdota y el detalle resultan fundamentales. Sin embargo, esto no le supone en modo alguno una pérdida de universalidad. Precisamente es todo lo contrario, es su condición de posibilidad.

Finalmente, una ética de la finitud es una ética de la transmisión de una experiencia. Por esta razón resulta de suma importancia que el educador se convierta en testimonio. El testimonio nada tiene que ver con el experto, pero tampoco con el modelo. A diferencia de las pedagogías de corte "humanista" (por llamarlas de alguna manera) que defienden la necesidad del "ejemplo", es decir, del "hazlo como yo", una pedagogía de la finitud cree en el valor del testimonio, en la importancia de dar y transmitir una experiencia, es decir, del "hazlo conmigo". Lo único que tiene el testimonio es su palabra. Él no se presenta como un modelo a seguir, como poseedor del "Bien", como conocedor del "Camino", como descubridor de la "Verdad". El testimonio transmite su experiencia, da su palabra: "Así fue, así sucedió". "Te doy mi palabra, esta es mi experiencia, recuérdala…" "Pero no la repitas. Haz tu propia experiencia. Vive tu propia vida, y yo estoy aquí contigo, a tu lado". "Hagámoslo juntos…"

El testimonio está situado en un ámbito sapiencial, en el que el otro es alguien que hay que acoger. El testimonio sabe que educar es un ejercicio de hospitalidad. Algo que se sitúa muy lejos de la violencia educativa que Eugène Ionesco supo describir de forma irónica y cruel en su pieza teatral, *La lección*.

7. Telón: El lenguaje de la pedagogía

Todo esto nos conduce a la posición siguiente: para una pedagogía de la finitud es necesario un profundo cambio en el lenguaje de la pedagogía. Cuando los pedagogos hablan de "currículum", de "objetivos pedagógicos", de "intervención" de "programación", de "evaluación"... bajo un paraguas supuestamente científico o tecnológico, que para ellos es sinónimo de "libre de valores" o "éticamente neutral" incurren, a mi entender, en una enorme falacia. El lenguaje no tiene nada de objetivo ni de neutral, evidentemente tampoco lo es el mío en el momento de escribir estas líneas. La diferencia entre mi posición y la que pueden tener otras teorías pedagógicas es, por de pronto, que yo hago explícitos mis supuestos y no tengo ninguna pretensión de neutralidad, ni de objetividad. Esto no significa que todo valga igual, que toda perspectiva sea igualmente respetable. Como creo que ya ha quedado bastante claro, quiero decir que toda crítica a una perspectiva no se puede hacer sino desde otra perspectiva, pero que aun así existen perspectivas mejores que otras.

Para una pedagogía de la finitud como la que yo defiendo, lo que hace una perspectiva mejor es su posicionamiento ético o, en otras palabras, el modo de relacionarse con el otro presente y ausente. Una teoría pedagógica es adecuada si tiene la capacidad de afrontar la cuestión de la alteridad, si es sensible a la felicidad y al sufrimiento de otras personas. No me cabe la menor duda de que una pedagogía de la finitud es enormemente crítica tanto con las posiciones tecnológicas como con las humanistas-conservadoras, porque considera que unas y otras han marginado la sabiduría (*sapientia*), la interpretación, la perspectiva o, si se quiere, la finitud humana, en favor de la ciencia (*scientia*), la objetividad y la neutralidad de unas verdades tan firmes y seguras que ni las más extravagantes suposiciones de los escépticos son capaces de conmoverlas. A mi juicio tanto la pedagogía tecnológica como la pedagogía humanista tienen efectos perversos. En este sentido la llamada "pedagogía tecnológica", si bien acepta que la ética es importante, se sitúa en una posición independiente de la ética; o, dicho de otra manera, para la pedagogía tecnológica la ética es una cuestión que se ha de tratar desde fuera. Tampoco la "pedagogía humanista" ha salido mejor parada. Aquí ciertamente nos encontramos con la ética, pero la concepción que se tiene de ella está muy alejada de la que defiende una antropología filosófica de la finitud. Para una pedagogía humanista la ética gira alrededor del deber, y no guarda relación alguna con las situaciones del mundo. Para el "humanismo", la ética nace del deber, un deber categórico, apodíctico, universal, al margen de los contextos, del tiempo y del espacio. No cabe duda de que en este tipo de ética el pedagogo está peligrosamente cerca de la figura del fanático. Éste cree que la justicia (su idea de justicia o de bien) está por encima de la vida concreta de cada ser humano. El fanático no tolera los "puntos de vista", los "contextos", los "matices", el "cambio", las "metamorfosis". El fanático cree que su palabra es "La Palabra", su bien, "El Bien", y está dispuesto a matar para defenderlo. La semilla del fanatismo es la actitud de "superioridad moral". El fanático no está dispuesto a considerar su punto de vista, su situación, porque no cree que el suyo sea un punto de vista, sino el punto de vista que niega por tanto cualquier otro punto de vista.

ℭ𝔰

El momento actual es, no cabe duda, un final de trayecto. Por esta razón estoy convencido de que es preciso una profunda renovación del lenguaje que empleamos en pedagogía porque las palabras son configuradoras de mundos, de nuestros mundos. Y creo que las palabras próximas al universo de la literatura, de la poesía, de la narración, serían las que nos podrían ayudar a educar mejor. Palabras como, por ejemplo, finitud, contingencia, situación, rostro, caricia, tacto, tono, silencio, testimonio, símbolo, narración, experiencia, responsabilidad, compasión, intimidad, corporeidad, donación, hospitalidad, placer, risa, llanto, memoria...

Bibliografía

BAUMAN, Z. y TESTER, K. (2002): *La ambivalencia de la modernidad y otras conversaciones*, Barcelona, Paidós.

BERGER, P. L. (1975): *Rumor de ángeles. La sociedad moderna y el descubrimiento de lo sobrenatural*, Barcelona, Herder.

BERGER, P. y LUCKMANN, T. (1997): *Modernidad, pluralismo y crisis de sentido. La orientación del hombre moderno*, Barcelona, Paidós.

BLOCH, E. (2004): *El principio esperanza 1*, Madrid, Trotta.

BLUMENBERG, H. (2003): *Trabajo sobre el mito*, Barcelona, Paidós.

―――― (2004): *Salidas de caverna*, Madrid, Antonio Machado Libros.

BONHOEFFER, D. (2000): *Ética*, Madrid, Trotta.

DERRIDA, J. (1995): *Espectros de Marx*, Madrid, Trotta.

DUCH, L. (2002): *Antropología de la vida cotidiana. Simbolismo y salud*, Madrid, Trotta.

GADAMER, H.-G. (2001): *Verdad y método*, Salamanca, Sígueme.

GADAMER, H.-G. (2001): *Verdad y método*, Salamanca, Sígueme.

HORKHEIMER, M. (2000): *Anhelo de justicia*, Madrid, Trotta.

JASPERS, O. (1983): *Einführung in die Philosophie*, Munich, Piper.

KUNDERA, M. (2000): *La ignorancia*, Barcelona, Tusquets.

MANN, Th. (1974): *Der Zauberberg*, Fischer, Frankfurt.

MARGALIT, A. (1997): *La sociedad decente*, Barcelona, Paidós.

MARQUARD, O. (2000): *Apología de lo contingente*, Valencia, Alfons el Magnànim.

——— (2001): *Filosofía de la compensación. Escritos sobre antropología filosófica*, Barcelona, Paidós.

PAZ, O. (2003): *Ideas y costumbres (La letra y el cetro. Usos y símbolos).* Obras completas VI, Barcelona, Galaxia Gutenberg/Círculo de Lectores.

ROMBACH, H. (2004): *El hombre humanizado. Antropología de la estructura*, Barcelona, Herder.

SARTRE, J.-P. (1988): *L'être et le néant. Essai d'ontologie phénomenologique*, Gallimard, París.

SCHUTZ, A (1990): *The problem of social reality. Collected Papers 1*, Kluwer, Dordrecht.

——— (2003): *El problema de la realidad social. Escritos I*, Buenos Aires, Amorrortu.

WITTGENSTEIN, L. (1982): *Diario filosófico 1914-1916*, Barcelona, Ariel.

TERCER ENSAYO:

LA PERSISTENCIA
DE LA
METAMORFOSIS

"Nos aferramos a lo inmutable, desligándolo así de lo que siempre cambia".

Elias Canetti,
La antorcha al oído

1. Introducción

A menudo acostumbramos a dar por supuesto que existe algo así como la *realidad*. La realidad sería algo, no sabemos exactamente qué, algo que no depende ni del espacio ni del tiempo, de ninguna mediación ni de ninguna relación. La realidad, si es que existe algo así, tendría que ser, por definición, *absoluta*. Pero es obvio que este razonamiento nos sitúa frente a una posición que podríamos llamar *metafísica*, tanto desde el punto de vista ontológico como epistemológico, porque aquel que dice qué es lo real no lo dice desde *un* punto de vista, sino que posee una especie de *mirada de Dios*. Esta no se realiza desde una perspectiva, o desde un contexto. La *mirada de Dios* es un juicio *descontextualizado*. Es la perspectiva que adopta el *realismo metafísico*. Hilary Putnam lo expresó claramente:

"Según esta perspectiva (la del realismo metafísico), el mundo consta de alguna totalidad fija de objetos independientes de la mente. Hay exactamente una descripción verdadera y completa del cómo es el mundo. La verdad supone una especie de relación de correspondencia entre palabras o signos mentales y cosas o conjuntos de cosas externas. A esta perspectiva la llamaré externalista, ya que su punto de vista predilecto es el del Ojo de Dios"(Putnam, 1988:59).

Los seres humanos somos los hijos del tiempo, *los hijos de Kronos.* Creo que, como entes *finitos,* los hijos del tiempo estamos privados de esta mirada divina descrita por Putnam. No existe, creo, para nosotros la posibilidad de alcanzar algo así como *la mirada de Dios.* Por esta razón pienso que no se puede sostener, desde el punto de vista de una *filosofía de la finitud*, la existencia de la *realidad*, en el sentido metafísico. En otras palabras, a la única realidad que *los hijos del tiempo* podemos acceder es a una realidad-narrada. Esto significa que toda "realidad" es construida, imaginada, leída, interpretada... a través de una forma u otra de *lenguaje.* Obviamente no me refiero solamente al lenguaje proposicional o conceptual, sino a todo posible lenguaje, un lenguaje que incluye conceptos, metáforas, signos, símbolos, miradas, gestos, silencios...

Desde hace bastantes años creo que hay un tipo de lenguaje que es especialmente significativo para la configuración de la realidad: me refiero al *lenguaje simbólico.* Digo que es "especialmente significativo" porque el lenguaje simbólico *muestra* lo que la realidad *significa.* O, dicho de otro modo, el lenguaje simbólico *configura* (o puede configurar) un *mundo* con *sentido* (o sentidos).

El lenguaje simbólico no se preocupa de lo que "es" el mundo, sino de lo que "significa", es decir, de su *sentido.* A diferencia de los lenguajes de la(s) ciencias(s), *desde el punto de vista simbólico* lo interesante no es cómo es el mundo, sino *por qué* el mundo es, y *para qué* es, y *qué hago yo* en el mundo, y *qué relación o relaciones* puedo establecer con los otros… Por todo ello, y porque los "hijos del tiempo" no podemos dejar de formularnos estas cuestiones relativas a la *contingencia*, necesitamos sentido(s), aunque sea(n) provisional(es), porque sin un sentido la vida sería invivible, sería insoportable.

2. La cuestión del sentido después de la "muerte de Dios"

Ahora bien, un tema que resulta fundamental aquí no es otro que el siguiente: ¿dónde encontrar el sentido en un universo en el que, como escribió Nietzsche, *Dios ha muerto?* Para responder a esta cuestión tenemos ante todo que precisar el sentido de la frase de Nietzsche. Como Martin Heidegger propone en *Holzwege* ("Caminos de bosque"), se podría suponer que la sentencia *Dios ha muerto* expresa una opinión personal del *ateo* Nietzsche y que resulta hoy fácilmente refutable:

> "*apelando a la observación de que hoy muchas personas siguen visitando las iglesias y sobrellevan las pruebas de la vida desde una confianza cristiana en Dios. Pero la cuestión* —sigue Heidegger—, *es si la citada frase de Nietzsche es sólo la opinión exaltada de un pensador —del que siempre se puede objetar correctamente que al final se volvió loco— o si con ella Nietzsche no expresa más bien la idea de que dentro de la historia de Occidente, determinada metafísicamente, se ha venido pronunciando siempre de forma no expresa*"(Heidegger, 1995:193).

Evidentemente, Heidegger se inclinará por la segunda opción. Así, unas páginas más adelante el autor de *Ser y tiempo* nos ofrece su interpretación de la sentencia de Nietzsche:

> *"La frase Dios ha muerto significa que el mundo suprasensible ha perdido su fuerza efectiva. No procura vida. La metafísica, esto es, para Nietzsche, la filosofía occidental comprendida como platonismo, ha llegado al final. Nietzsche comprende su propia filosofía como una reacción contra la metafísica, lo que para él quiere decir, contra el platonismo"* (Idem:196).

Si nos limitamos a entender el *Dios* de la frase de Nietzsche únicamente en el sentido religioso, no seremos capaces de comprender la tremenda fuerza de la expresión "Dios ha muerto" (*Gott ist tot*). Bien al contrario, *Dios* representa aquí la necesidad que los seres humanos tienen de un punto de referencia inamovible, de una norma que garantice el *sentido último*, absoluto, ideal, por la que regirse y orientar sus vidas sin ningún tipo de ambigüedad.

Pues bien, llegados a este punto, es el momento de dejar bien clara la *tesis* que quiero defender en este ensayo. Ésta podría enunciarse como sigue: puesto que los seres humanos aparecemos en el "mundo interpretado" (Rilke), vivimos siempre ineludiblemente en un tiempo y en un espacio ritualizados (dramáticos, teatrales), necesitamos *sentidos* que orienten nuestras vidas y que ejerzan la función de "praxis de dominio provisional de la contingencia", pero éstas ya no pueden encontrarse en una Realidad, o una Verdad, objetiva y trascendente. Los seres humanos tienen vedado el acceso directo, no mediado, a cualquier realidad absoluta, a cualquier principio o verdad absoluta, pero ello, a mi juicio, no implica que en un mundo en el que *Dios ha muerto*, en un mundo *postmoderno,* debamos renunciar al sentido, sino todo lo contrario, entre otras cosas porque creo que no es posible vivir sin un tipo u otro de sentido que actúe al modo de una *antropodicea práctica*. En pocas palabras: por un lado *necesitamos sentido(s) para hacer soportable la contingencia,* pero por otro no podemos recurrir a "Dios", a la "Verdad", a la "Realidad", a ningún supuesto "metafísico", inmutable, trascendente, a ninguna verdad que *"ni las más extravagantes suposiciones de los escépticos sean capaces de conmoverla"* (como diría Descartes en su *Discurso del método*). Entonces, ¿qué solución nos queda?

Mi propuesta, una propuesta que llamaría "literaria" (o, si se prefiere, "simbólica") podría formularse así: el *sentido* si bien no puede hallarse en un mundo objetivo, metafísico o trascendente, *puede imaginarse o inventarse*. Uno de los "dispositivos antropológicos" (quizá el más importante) que poseemos los seres humanos para hacer frente a las situaciones-límite en un universo en el que "Dios ha muerto", es la *expresión simbólica* de nuestro propio lenguaje. Mediante el "trabajo con el símbolo" podemos configurarnos sentidos que funcionen al modo de *antropodiceas prácticas* que *provisionalmente* nos orienten en las travesías y en los trayectos de la vida cotidiana y reduzcan el temor y la intranquilidad que nos provoca la "contingencia".

¿Y cómo imaginar entonces la *educación?* Como veremos a lo largo de este ensayo, la educación es ante todo, desde una perspectiva antropológica, una "relación", una "transmisión", una "donación". Los seres humanos somos siempre "seres-en-relación". Todo lo que hacemos, todo lo que pensamos, todo lo que imaginamos,,, siempre es "en referencia a". La educación, así pues, también es un modo de relación, una manera de ser con el otro. Ahora bien, en toda relación educativa se da algo, se transmite algo (o alguien)… Desde el punto de vista *simbólico,* la *educación* no sería la transmisora del Sentido, sino la transmisora de lo que, con la ayuda de Elias Canetti, llamo *la persistencia de la metamorfosis.* ¿Qué significa esto? Sencillamente que el maestro no da, no transmite *un* sentido o *el* sentido de la vida, sino que *cuida* o *procura* que sus discípulos inventen (o imaginen) provisionalmente sentidos. El maestro se preocupa de que las metamorfosis de los sentidos persistan, de

que se renueven constantemente, de que queden abiertas.
En su conferencia *La profesión de escritor* (1976), Elias Canetti
denomina a los escritores *custodios de las metamorfosis*. Lo que
para él sería la tarea del escritor sería equivalente para mí a
la tarea del maestro. En un mundo en el que el rendimiento
y la especialización lo dominan todo,

> *"en un mundo en el que cada vez más se prohíbe la metamor-
> fosis por considerarla contraria al objetivo único y universal
> de la producción (...) parece justamente un hecho de capital
> importancia el que haya gente dispuesta a seguir practicando,
> a pesar de él, este preciado don de la metamorfosis"*(Canetti,
> 1994:357).

Pero hay una cuestión que creo que es necesario abordar. A saber: ¿por qué es necesario vincular la cuestión del
sentido precisamente al "lenguaje simbólico", a la "expresión
simbólica"? Esta pregunta es completamente pertinente y
pienso que quizá debería aclararla un poco más. Como puso
de manifiesto Helmuth Plessner (1892-1985), somos seres
"excéntricos" (Plessner, 1983:136-217). Esto significa que
los seres humanos vivimos una "existencia bifronte": *como*
cuerpo y *en el* cuerpo. Ambos órdenes forman una unidad.
Evidentemente, a nivel metodológico, se pueden separar,
pero en la vida cotidiana resulta imposible desvincularlos.
Los seres humanos no nos agotamos ni en el *ser* cuerpo, ni
en el *tener* cuerpo, ni en el *fuera* ni en el *dentro*. Con el término "excentricidad", Plessner quiere poner de manifiesto
el hecho de que el ser humano vive una existencia "abierta
al mundo", esto es, el hecho de que en cada momento de su
vida puede "salirse de sí mismo", "tomar distancia" respecto
a sí mismo", respecto a sus experiencias más personales. El
hombre puede verse desde dentro y desde fuera. Esta capacidad de tomar conciencia sobre sí, esta capacidad de "dis-
tanciarse" de su cuerpo, esta "excentricidad", impide que el
ser humano esté completamente fijado en un único sentido.

Por eso, desde un punto de vista antropológico como el de Plessner, el sentido, aunque resulte difícil de aceptar, nunca está del todo dado, ni del todo inventado. Todo sentido, precisamente porque no puede alcanzarse absolutamente, no puede poseerse, es un sentido —al mismo tiempo— *presente* y *ausente*. Quiero remarcar el hecho de que es esta *tensión* entre la *presencia* y la *ausencia* lo que nos lleva directamente a lo simbólico, a la palabra simbólica, a la expresión simbólica. Lo simbólico reúne y separa al mismo tiempo, mantiene viva la tensión entre la unidad y la diferencia, entre lo uno y lo múltiple, entre la persistencia y el cambio, entre el texto y el contexto. El "trabajo del símbolo" es un trabajo de *rememoración* y de *anticipación*, es un trabajo *en* el tiempo y *con* el tiempo. Sin la capacidad simbólica no seríamos capaces de abordar la cuestión del sentido, por cuanto quedaríamos atrapados en la pastosidad del presente, de lo fáctico o, lo que es lo mismo, negaríamos la secuencia temporal (pasado-presente-futuro) porque no podríamos ni rememorar ni anticipar. Precisamente porque los animales humanos tenemos una insuficiente instintividad necesitamos del "trabajo del símbolo", y por esta razón el mundo que nos ha sido dado nos parece muchas veces inaceptable y somos capaces de *imaginar*, de *desear mundos alternativos*. La mayor parte de especies animales aceptan completamente lo que les es dado, y son incapaces de plantear alternativas a su mundo, a su entorno. Sólo el animal humano puede *argumentar contra el sistema*, o lo que es lo mismo, *hacer presente lo ausente pasado o lo ausente futuro*. En definitiva, para decirlo con Lluís Duch (2002:224):

"Aquí se insinúa precisamente la paradoja que introduce el simbolismo en la existencia humana: el símbolo es, al mismo tiempo, la señal inequívoca de que la inmediatez con la realidad de nosotros mismos, del otro y del mundo no es accesible al ser humano, pero, en el mismo movimiento, nos facilita un contacto

mediato con ella. Por eso, desde hace ya muchos años he creído que una buena definición de símbolo era ésta: un artefacto que hace *mediatamente presente lo que es inmediatamente ausente".*

Advierto también algo que creo que el lector ya habrá adivinado: es evidente que para una "antropología de la finitud" *lo simbólico* no tiene solamente una dimensión *epistemológica*, sino, como mostraré más adelante, sobre todo posee un significado *ético*. Pero antes de entrar en esta cuestión estimo necesario reflexionar brevemente sobre otro aspecto ineludible en una antropología (postmoderna) del sentido: me refiero al asunto de la multiplicidad de perspectivas, porque el sentido siempre es *un* sentido y, tarde o temprano, irrumpen acontecimientos que nos obligan a replantearnos qué hacer y cómo reconducir nuestra existencia.

3. La multiplicidad de perspectivas

Hay que advertir, por de pronto, que no se puede de ninguna de las maneras confundir el perspectivismo con el relativismo. Mientras que éste último afirma que hay diferentes puntos de vista y que todos valen igual, para el perspectivismo hay, efectivamente, diferentes puntos de vista, pero que *no* todos valen igual. Un fragmento de *La genealogía de la moral* de Nietzsche resulta muy esclarecedor:

"A partir de ahora, señores filósofos, guardémonos mejor, por tanto, de la peligrosa y vieja patraña conceptual que ha creado un 'sujeto puro del conocimiento', sujeto ajeno a la voluntad, al dolor, al tiempo, guardémonos de los tentáculos de conceptos contradictorios, tales como 'razón pura', 'espiritualidad absoluta', 'conocimiento en sí': —aquí se nos pide siempre pensar un ojo que de ninguna manera puede ser pensado, un ojo carente en

absoluto de toda orientación, en el cual debieran estar entorpe-
cidas y ausentes las fuerzas activas e interpretativas, que son, sin
embargo, que ver sea ver-algo, aquí se nos pide siempre, por tanto,
un contrasentido y un no concepto de ojo. Existe únicamente
un ver perspectivista, únicamente un 'conocer' perspectivista; y
cuanto mayor sea el número de afectos a los que permitamos
decir su palabra sobre una cosa, cuanto mayor sea el número
de ojos, de ojos distintos que sepamos emplear para ver una
misma cosa, tanto más completo será nuestro 'concepto' de ella,
tanto más completa será nuestra 'objetividad'"..."(Nietzsche,
1979:139).

Es necesario insistir que este conocimiento perspectivista no tiene por qué implicar de ninguna de las maneras
un relativismo. Hay perspectivas mejores que otras, pero
la mejor de las perspectivas sigue siendo una perspectiva.
Como señala Alexander Nehamas en su excelente estudio
sobre Nietzsche, el perspectivismo implica que nunca hay,
ni puede haber, una visión única del mundo, ni obligato-
ria para todos. O también, toda visión del mundo (toda
perspectiva, todo sentido) esta fundamentada en valores y
actitudes hacia la vida y será aceptada sólo por aquellos que
quieran apropiarse y estén de acuerdo con aquellos valores
(Nehamas, 2002:91). "Ver" es siempre y en todo momento
un "modo-de-ver", esto quiere decir que siempre hay *otros*
"modos-de-ver", otras perspectivas, o también que toda
perspectiva es *provisional* y no puede dejar de serlo. Lo que
esta claro es que ningún lenguaje, tampoco el científico,
puede liberarnos de la perspectiva. No es posible alcanzar
la "auténtica realidad", o una "realidad en sí", si es que esta
expresión significa algo.

La cuestión del perspectivismo nos conduce a otra de las
ideas fundamentales de la obra filosófica de Nietzsche que
sigue siendo ineludible hoy día en epistemología. Me refiero
a la *interpretación*. Vivimos en una urdimbre de interpretacio-

nes. Una de las frases eminentes del pensamiento de Nietzsche es precisamente esta: *no hay hechos, sólo interpretaciones*, o también, todavía más provocativamente: *no existen fenómenos morales, sólo una interpretación moral de fenómenos* (Nietszche, 2000:107). Una interpretación da lugar a una nueva interpretación, y nunca se puede alcanzar el texto originario.

Sostener que una idea es una interpretación no significa de ninguna de las maneras, como suele decirse, afirmar que es una "especulación" y, por tanto, que se podría decir todo lo contrario y sería igualmente válida. Lo que la interpretación sostiene es que todo aquello que decimos o que hacemos depende de una *situación*[1], y que todo posicionamiento ha sido producido por intereses y prejuicios ineludibles. Desde este punto de vista nunca hay, ni puede haber, un conocimiento libre de prejuicios. En este sentido, la idea de un texto originario, libre de toda interpretación, es un residuo metafísico (que para Nietzsche sería lo mismo que decir "platónico"), que curiosamente pone en el mismo bando al positivismo y a la metafísica clásica. Un texto sin interpretación sería lo mismo que decir un texto sin lenguaje, sin lectura. Esto es una *contradictio in terminis* inaceptable desde un posicionamiento como el que adopto en este ensayo.

Pero además del perspectivismo y de las interpretaciones, otra de las tesis más decisivas de Nietzsche es la siguiente: sostener que "*cualquier conocimiento es en perspectiva y que nada esta libre de interpretación*" supone también estar convencido de que todo aquello que uno dice o hace no puede estar libre de valor o, dicho de otro modo, "no hay nada libre de intereses". Digámoslo todavía más radicalmente: *no hay conocimiento "objetivo"*. Esta idea es particularmente relevante en ciencias humanas: la historia, la psicología, la pedagogía, la

---

1.   Sobre la cuestión de la "situación", la "situacionalidad" y el ser humano como ser situado, debo muchísimo a la excepcional obra de Rombach (2004).

sociología, o mejor aún, los historiadores, los psicólogos, los pedagogos, los sociólogos, parten de manera más o menos explícita de un *posicionamiento axiológico*.

En el verano de 1873 Nietzsche escribe un breve opúsculo titulado *Sobre verdad y mentira en sentido extramoral*. Insiste Nietzsche en la imposibilidad de acceder a la cosa en sí y concluye:

"Por tanto, ¿qué es la verdad? Una multitud en movimiento de metáforas, metonimias, antropomorfismos, en una palabra, un conjunto de relaciones humanas que, elevadas, traspuestas y adornadas poética y retóricamente, tras largo uso el pueblo considera firmes, canónicas y vinculantes: las verdades son ilusiones de las que se ha olvidado que lo son, metáforas ya utilizadas que han perdido su fuerza sensible, moneda que ha perdido su imagen y que ahora entra en consideración como metal, no como tales monedas" (Nietzsche, 1974:91).

Nietzsche arremete aquí contra la idea constante de la metafísica (o de los metafísicos) que sostiene que existe la verdad y que se puede descubrir. Esta Verdad metafísica, escrita en singular y en mayúsculas, es algo que se encuentra ahí afuera. Esta Verdad, en singular y en mayúsculas, se halla al margen del contexto (es una verdad descontextualizada), está fuera de toda relación (porque no es relativa a nada más que a sí misma, porque es absoluta), es universal, es incondicionada.

Esta idea de Verdad responde a una concepción "metafísica". La metafísica busca, y cree haber encontrado, un fundamento inconmovible e inmutable, libre de contingencia. Bien sea en un universo religioso o secularizado la metafísica siempre se caracteriza por ofrecer un punto de apoyo, un fundamento eterno, inmóvil, universal, racional, sobre el que se pueda construir un sistema, sea del tipo que sea (tecnológico, moral, político, económico, religioso…).

La obra de Nietzsche denuncia ferozmente esta pretensión clásica de la metafísica, esta pretensión que consiste en creer que se puede descubrir un primer principio que se sea un fundamento sólido del resto del edificio filosófico. La metafísica elude la finitud humana porque cree que es posible llegar al texto originario sin ningún tipo de mediación, un texto libre, independiente de todo contexto y, por tanto, de toda interpretación. La filosofía de Nietzsche es, en este sentido, una *genealogía*. Como ha mostrado Michel Foucault, *genealogía* no significa otra cosa (en el caso de Nietzsche) que la negativa a aceptar un *origen*, esto es, una Realidad, una Verdad, un Primer Principio Metahistórico.

> *"Si el genealogista se toma la molestia de escuchar la historia más bien que de añadir fe a la metafísica, ¿qué descubre? Que detrás de las cosas hay 'otra cosa bien distinta': no su secreto esencial y sin fecha, sino el secreto de que no tienen esencia..."* (Foucault, 1997:18).

En definitiva, dejar de entender la Verdad, la Realidad o el Sentido como la entienden los metafísicos, supone aceptar *la presencia inquietante de la contingencia*, quiere decir admitir que la vida humana es finita y que no hay manera alguna, para los seres humanos, de sobreponerse a la contingencia. Esto, evidentemente, no significa que no pueda existir un sentido en las múltiples vidas que los seres humanos viven. Hombres y mujeres andan necesitados de sentido que funcionen como *praxis* siempre provisionales de "dominio de la contingencia".

Mi tesis es la siguiente: los seres humanos, *los hijos del tiempo*, necesitan inventarse *artefactos simbólicos* para dominar *provisionalmente* la contingencia. Es decir, *los hijos del tiempo*, mediante el incesante *trabajo del símbolo,* "reducen" la contingencia e inventan sentidos provisionales de sus vidas.

Quiero insistir, no obstante, en el hecho de que todos estos *artefactos simbólicos* son *provisionales* y nunca podrán eliminar definitivamente el temor y la angustia ante el azar, el mal o la muerte. Es más, sería muy peligroso, desde el punto de vista de una antropología filosófica de la finitud, la aparición de *artefactos* (que en tal caso ya no serían *simbólicos*) que pretendieran haber terminado definitivamente con el *drama* de la contingencia.

Entiéndase bien, es evidente que aceptar la ineludible contingencia de la vida no significa que tengamos que admitir sin más el absurdo de la existencia, sino otra cosa bien distinta. Admitir la inevitable presencia de la contingencia en todo lo que los seres humanos dicen o hacen quiere decir asumir que en el universo humano coexisten múltiples perspectivas de sentido nunca establecidas definitivamente. Aceptar la contingencia supone admitir que en la vida humana el azar, la provisionalidad, el instante, lo efímero y, finalmente, la muerte desempeñan un papel fundamental. Desde esta perspectiva nada sucede porque tenga que suceder, o porque "estaba escrito" en algún lugar, porque creer esto sería lo mismo que pretender admitir que existe un texto inamovible, redactado por alguien que ya conoce el final de la historia, que ya ha visto entera la película de nuestra vida. Sería, en definitiva, aceptar la existencia de un Absoluto. Creer en el *destino* es una herencia, un *resto teológico*. Además, afirmar que algo sucede *porque tiene que suceder* acaba implicando la aparición de mentes iluminadas, de sacerdotes, chamanes, gurús, o cualesquiera que sean, que pretenden presentarse como los únicos lectores de este texto absoluto, un texto en el que todo está escrito, el Bien, la Verdad, la Belleza, el Sentido…, y en consecuencia, ellos tendrán la obligación de imponerlo a los demás. Siempre que esto tiene lugar se inicia una *praxis adoctrinadora*. No puede ser de otro modo, el mundo postmoderno es un lugar de innumerables patologías producidas por el temor a vivir en un universo sin una Verdad Absoluta. En otras palabras, si bien en cierto que los seres humanos no soportan lo absoluto no lo es menos el hecho de que muchos de ellos tampoco toleran su radical ausencia. Esta *nostalgia del absoluto* (Steiner) ha provocado la aparición de psicoterapeutas y asesores de todo tipo que se convierten en *domesticadores* de la simbolización humana. Todos ellos pretenden haber descubierto el *Camino a laVerdad* (son doctrinas soteriológicas) y por esta razón se autocalifican de "maestros de virtud". Sus discípulos no tendrán otra cosa que hacer que repetir la palabra del maestro, una palabra que es la única verdad, una verdad definitivamente establecida, infinita, incontestable.

Estos "nuevos maestros" reproducen el viejo esquema metafísico que desde Nietzsche parecía fuera de combate. Creen que (bajo cualquiera de sus formas) existe, más allá del tiempo y del espacio, del azar y de la historia, un orden que determina el núcleo y el sentido de la existencia humana y establece una jerarquía de responsabilidades. Creo que el *perspectivismo* de Nietzsche es un magnífico antídoto para desenmascararles. Desde este punto de vista no tiene ningún sentido la creencia (metafísica) acerca de la verdad o de la realidad como algo que se descubre. Todo lo contrario. La verdad es siempre y en todo momento *una* verdad, la realidad es *una* realidad, y, por lo tanto son verdades y realidades construidas, configuradas. Son verdades y realidades literarias, narrativas, simbólicas.

La diferencia entre la realidad y la verdad predicada por los metafísicos, por los positivistas o por los maestros de la virtud, por un lado, y las verdades literarias, es abismal. Los poetas, los novelistas, los ensayistas… hablan de lo individual, de lo contingente, de lo que nace y de lo que muere, del cuerpo y de la carne, del espacio y del tiempo. Solamente los poetas, los narradores, los ensayistas son capaces de apreciar la pluralidad, la contingencia y la finitud de la vida (o de las vidas) humanas. Ellos no creen que haya un lugar privilegiado, neutral, desde donde sea posible comparar y decidir qué es lo verdadero y qué no lo es. Los metafísicos siempre han prometido lo mismo: un punto fijo en un universo cambiante. Pero desde un "punto de vista literario", no hay trascendental alguno, ni sujeto (Kant), ni comunidad ideal de diálogo (Apel/Habermas). Lo que hay siempre y en todo momento son seres humanos que nacen, viven y mueren. Y así también, los que practican el arte de la literatura, los enamorados de la palabra narrada, aman el detalle, se demoran en el detalle, en lo particular, en lo efímero, en lo relativo, aunque no por ello renuncian a lo universal, pero saben que a éste solamente se puede acceder desde lo particular, desde lo singular.

Lo que el artista, el poeta, el narrador o el ensayista se niegan a admitir es que exista un "punto arquimédico del conocimiento" (sea teórico o práctico), un punto privilegiado que solamente unos pocos iniciados puedan alcanzar. La literatura si "sirve" para algo es:

> *"como remedio contra la idea de que la ciencia natural, la teología o la filosofía estarán alguna vez en condiciones de dar con la única descripción verdadera y real de la esencia del hombre"*(Rorty, 2002:177).

La literatura nos enseña que toda descripción acerca de lo que los seres humanos son es precisamente eso, *una* descripción, nos enseña que toda verdad, es *una* verdad, que toda realidad es *una* realidad, que todo sentido es *un* sentido. La literatura nos enseña que no hay un único sentido, que no hay algo así como "El Sentido", porque el sentido es siempre un sentido múltiple. La realidad de la que hablan los literatos es una realidad plural y contradictoria, una realidad inscrita en un tiempo y en un espacio, en una tradición, en un lenguaje. En definitiva, la realidad literaria es "relativa" (que está en relación) al texto y a los contextos, una realidad finita.

Ni el poeta, ni el novelista, ni el ensayista creen, a diferencia de los metafísicos y de los cientifistas, que se pueda descubrir la verdad, agarrarse a ella, ni que el conocimiento de la Verdad, de lo Bueno, de lo Bello o de lo Justo pueda mejorar en nada nuestras relaciones con el mundo, con los demás y con nosotros mismos. Al contrario, todos ellos saben que los seres humanos están inscritos en una tradición, entre múltiples tradiciones posibles. Ellos se plantean la posibilidad (en muchos casos la necesidad) de enlazar con su pasado, con su herencia cultural, pero es un enlazar que nunca supone un simple repetir porque sus enlaces son interpretaciones y toda interpretación implica una transformación, toda lectura es una relectura, todo pensar es repensar. Ellos saben que nunca alcanzamos la verdad porque no hay una verdad a alcanzar, sino que siempre estamos interpretando, siempre nos situamos y nos volvemos a situar en nuestro tiempo y nuestro espacio, y que nunca estamos del todo colocados, porque los seres humanos estamos siempre descolocados, al menos un poco descolocados, un poco extraviados. Decimos, volvemos a decir, nos desdecimos, lo que hemos dicho lo decimos de otro modo… No hay ni primera palabra ni última palabra, ni palabra inicial ni palabra final. Esto es, en una palabra, la "persistencia de la metamorfosis".

4. La dimensión ética del símbolo

He escrito más arriba que, para una antropología filosófica de la finitud humana, el símbolo, la expresión simbólica, la capacidad simbólica que poseemos todos los seres humanos resulta un aspecto ineludible en sus relaciones y en sus *praxis* cotidianas. Pero también advertía que, a diferencia de lo que suele suponerse, el símbolo no posee solamente una dimensión epistemológica, sino también, y especialmente, ética. ¿Qué significa esto? Veámoslo.

El símbolo posee una especial relevancia en una reflexión centrada en las transformaciones, en su necesidad y en su importancia pedagógica. Pero más que definir qué es o qué significa "símbolo", más que intentar responder a la pregunta "¿qué es el símbolo?", prefiero —adoptando un quehacer antropológico y no metafísico—, reflexionar sobre los motivos y las necesidades que tiene los seres humanos del símbolo, de las palabras y de las expresiones simbólicas. La pregunta, entonces, no sería ¿qué es eso del símbolo? sino ¿por qué necesitamos los hombres y las mujeres del inevitable "trabajo con el símbolo"? ¿Por qué razón tenemos necesidad de utilizar en nuestra vida cotidiana "expresiones simbólicas"? ¿Por qué, para los seres humanos, la simbolización resulta ineludible?

Se me ocurre que, como ya mostramos en otro lugar con Lluís Duch, una respuesta a estas preguntas podría ser la siguiente: la simbolización es el motor incansable del perpetuo movimiento interrogativo a causa de la inaceptabilidad del mundo tal como nos lo hemos encontrado (véase Duch y Mèlich, 2005:211). Los seres humanos nacemos en una situación, somos seres situados. Pero esta "situación" no aparece (casi) nunca como una situación definitiva. Siempre podemos (parcial y relativamente) cambiarla, o al menos necesitamos poder pensar en una situación "alternativa". Cuando la "situación heredada" o "encontrada" se nos aparece de forma tan intensa que no hace posible la imaginación de un mundo alternativo, el sueño de un mundo mejor, para hablar en términos de Ernst Bloch, entonces, surge la depresión, la crisis de sentido. El símbolo, la expresión y la capacidad simbólica que poseen (y poseemos) estructuralmente todos los seres humanos muestra precisamente esta tensión entre el *presente* (la situación heredada o encontrada) y lo *ausente* (la situación deseada). El símbolo expresa la insuficiencia de todo presente y, al mismo tiempo, el sueño soñado despierto, lo utópico, la esperanza de que la situación heredada no sea lo último y no tenga la última palabra.

Univocidad, estabilidad, fijación, intransitividad, irreversibilidad, claridad y distinción… son características que no casan con el "trabajo del símbolo". Allí donde hay símbolo hay transformaciones, cambios, metamorfosis. La *persistencia de la metamorfosis*, a la que alude el título de este ensayo, no es otra cosa que expresar la inevitable simbolización a la que está sometida todo lo humano. Allí donde hay "símbolo" también hay "metamorfosis". En ausencia de ellas, los seres humanos quedarían reducidos al momento presente, serían un mero "cuerpo presente" o, lo que es lo mismo, estarían muertos como seres humanos. Por su capacidad de expresión simbólica, los hombres y las mujeres están abiertos al deseo, un deseo que nunca podrá colmarse o saciarse absolutamente. El símbolo no puede ser "agarrado" por una univocidad canónicamente estabilizada. Todo lo contrario, es *equívoco*. Podríamos decir que la palabra simbólica, que el artefacto simbólico, se caracteriza porque siempre puede ser interpretado o leído de otro modo, porque siempre remite a otro, a otro significado, a otra realidad, a otra dimensión. Pero es necesario tener en cuenta que este "remitir" nunca puede ser del todo establecido o aclarado, por decirlo claramente, jamás puede decidirse qué significa definitivamente un símbolo. No es posible establecer el significado del símbolo de una manera concluyente.

En otras palabras: el símbolo es heterodoxo, escapa de las ortodoxias y es, en este sentido, un peligro para el orden del discurso, para el orden institucional. Este aspecto es sumamente importante, al menos por dos razones. La primera porque la noción de símbolo es inseparable de la de interpretación, de la de traducción, de la de mediación.

La segunda, porque el símbolo es siempre, de un modo u otro, la "presencia de una ausencia", esto es, de una alteridad oculta (pasada o futura). Estas dos características expresan dos aspectos que resultan ser antropológicamente decisivos, al menos desde el punto de vista de una antropología filosófica de la finitud, que es el nivel en el que yo me sitúo. Así, precisamente porque el símbolo es inseparable de la interpretación, podríamos decir que los seres humanos vivimos, nos guste o no, en un mundo interpretado, como expresa magistralmente el poeta Rainer Maria Rilke en la primera de sus *Elegías de Duino*. Pero, y esto es muy importante, este "mundo interpretado", que no es más que otra forma de denominar al "universo simbólico", es un mundo en el que, como sigue diciendo Rilke, *ya no nos sentimos seguros*. Si hay símbolo hay, también, inseguridad, inestabilidad, transformación, finitud, ambigüedad. Al final de la octava *Elegía de Duino*, Rilke se refiere a la vida humana como un perpetuo despedirse. La existencia humana siempre se encuentra "en camino", en permanente estado de metamorfosis, despidiéndose sin cesar: "Así vivimos nosotros, siempre en despedida". Por esta razón, la vida humana si es que quiere vivirse "humanamente" no puede dejar de ser *ambigua*. Su permanente transformación proviene de la libertad (o de la posibilidad), de la finitud (espacio-tiempo, contingencia, tradición), de la movilidad (de su fijación imposible). La ambigüedad es el resultado de nuestro ser en situación, de nuestro ser seres de lo posible. Este primer aspecto, como veremos un poco después, es de suma importancia para aclarar esta dimensión "ética" del símbolo a la que aludía el título del presente apartado. Precisamente porque hay ambigüedad la ética es posible.

El segundo aspecto que antes mencionaba también resulta de enorme interés. Decía que en la expresión simbólica siempre encontramos la "presencia de una ausencia". Esta idea es relevante por cuanto el mundo simbólico aparece como un universo de realidades múltiples, para hablar como Alfred Schütz. "Univocidad" no casa bien con "símbolo". Desde el momento en el que hay palabra simbólica hay palabra múltiple. El símbolo nunca es "uno", siempre es, como mínimo "dos". Dicho de otra forma, en el símbolo está presente en todo momento la alteridad. Ahora bien, esta alteridad puede ser una alteridad presente, pasada y/o futura. El símbolo se expresa, se desenvuelve temporalmente, en los tres éxtasis del tiempo (pasado, presente, futuro). Y este segundo aspecto también es decisivo para aclarar en qué consiste la dimensión "ética" del símbolo. Solamente es posible la ética si existe la alteridad, sea en forma de presencia, sea en forma de ausencia, y toda presencia es siempre, de una manera u otra, una forma de ausencia.

La cuestión del "símbolo", por tanto, nos coloca, frente a la pregunta por la "ética". Insisto: no debe, pues, entenderse el símbolo solamente desde un punto de vista epistemológico, sino básicamente ético. Y una afirmación como la que acabo de realizar es pertinente en un mundo postmoderno, en el que precisamente porque "Dios ha muerto", porque no hay un "Sentido" metafísico, metahistórico, trascendente, plenamente compartido, necesitamos otra forma de contemplar la ética. Por de pronto, frente a las éticas modernas, obsesionadas con la fundamentación y la universalidad, una ética que desee sobrevivir en un mundo postmoderno debe aceptar que nunca encontrará, y tampoco sería deseable hallar, un código con fundamentos universales e inamovibles.

Desde una perspectiva "moderna" la ética *sufre* en condiciones de incertidumbre. Sin embargo, para una antropología de la finitud, si no renunciamos al ideal y al método cartesiano (a las "ideas claras y distintas"), la ética es imposible. A ojos de las filosofías modernas, la ética parecería amenazada en un universo postmoderno, o "líquido", por utilizar la acertada expresión de Bauman. Sin embargo, esto no es realmente así. Sólo una determinada concepción de la ética no sobrevive en un mundo líquido. En pocas palabras: es posible una *ética postmoderna*. Pero, ¿cuáles serían sus características?

Lo que a continuación intentaré resumir con suma brevedad es el hecho de que una ética en la actualidad, tal y como yo la concibo, no tiene más apoyo que las palabras humanas. Es la palabra simbólica, la capacidad de expresión simbólica que poseemos hombres y mujeres, la que hace posible que se den relaciones éticas. Veámoslo.

La primera de las características que esta ética posee es el hecho de la ambigüedad y la ambivalencia. A diferencia de una ética deontológica, la ética simbólica no solamente no se ve afectada por la ambigüedad, sino todo lo contrario: ella es su condición de posibilidad. Sólo hay ética si hay sombras, claroscuros o, para decirlo en mis propios términos, sólo hay ética en un universo habitado por seres humanos que se reconocen finitos, ambiguos, ambivalentes. Frente a una ética "moderna" que cree que las aporías son conflictos momentáneamente no resueltos, pero que se podrán resolver en un futuro más o menos próximo, una ética simbólica sabe que aquellas son necesarias para establecer relaciones éticas, y la pedagogía debe contribuir al aprendizaje de una forma de vida sin asideros fijos. Como ha dicho Zygmunt Bauman, necesitamos aprender a vivir sin estas garantías, conscientes de que éstas jamás podrán darse; que una sociedad perfecta, al igual que un ser humano perfecto, no es una posibilidad viable, y que los intentos de demostrar lo contrario no sólo resultan en más crueldad sino, ciertamente, en menos moralidad.

Aprender a vivir sin garantías es lo mismo que aprender a vivir en el incesante flujo de las metamorfosis, *aprender a vivir en la inacabable transformación*. Esto no significa, en modo alguno, que los seres humanos podamos existir libres de puntos de referencia. Es necesario para mantener nuestra salud existencial "dominar la contingencia", crear asideros, siempre provisionales, construir "máscaras" para sobrevivir cuando el flujo de las metamorfosis resulta insoportable. Aunque a veces le parece angustioso, el ser humano no está fijado de forma definitiva. Somos seres en proceso, en cambio, en busca de posibilidades siempre inciertas.

La segunda característica de una ética simbólica es el "sentimiento". Frente a la razón ética como "razón pura práctica" propia de la modernidad instaurada por Kant en su *Fundamentación de la metafísica de las costumbres*, una antropología postmoderna cree que la ética está más cerca del sentimiento que de la razón, del *pathos* que del *logos*. Veamos. Si como ya se ha dicho la ética es ante todo una relación con el otro, la pregunta entonces parece obvia: ¿existe algún tipo de relación antropológica que haga explícita la ética? Es este el momento de situar a la "simpatía" o, quizá mejor, a la "compatía" en un lugar privilegiado. El "sufrir con el otro", o "la participación en el sufrimiento del otro" es, para decirlo con Octavio Paz, una de las claves del verdadero amor: la "compatía". En este sentido, una ética simbólica es una *ética de la amistad*. De hecho, como Emilio Lledó se ha encargado de mostrar, la relación entre el "símbolo" y la "amistad" es evidente en el mundo y en la lengua griega. Voy a citar un largo fragmento del último libro de Lledó, *Elogio de la infelicidad*, en el que se explica esta cuestión con suma claridad:

> *"El verbo symbállein significa 'juntar', 'reunir' incluso 'cambiar' (palabras), 'explicar', 'interpretar'. El sustantivo symbolon era algo real, un objeto, un trozo de madera, o incluso de metal partido en dos, y cuyas partes se daban a personas diferentes, a algún viajero que al llegar a su destino, entregaba esa mitad, que había de evocar al receptor el otro trozo en manos de una*

persona amiga. Era, pues, testimonio de philía, de amistad, y aquel que lo entregaba era recibido con el mismo afecto, que el amigo que guardaba la otra mitad del symbolon.

Este pequeño objeto viajero era, pues, una especie de concreto y singular pasaporte que, en su ruptura, en su mediación, por su medio, por su mitad, manifestaba que en el ideal de reconocimiento de la otra mitad lejana, se producía la síntesis de un recibimiento en el amor"(Lledó, 2005:102).

La ética es amistad, es una percepción afectiva (simbólica) en la que vivimos la alteridad del otro en el ámbito de lo propio, de lo personal, de lo único, de lo irrepetible. Y es especialmente en el momento del sufrimiento del otro, es en este instante en el que la relación ética se expresa de modo intenso. De ahí la compatía. Y de ahí también el hecho de que una ética de la educación acabe siendo, desde esta perspectiva, una *patética* de la educación.

La tercera característica de una ética simbólica es su ineludible situacionalidad. Mientras que los animales viven en "textos" inamovibles, los seres humanos no podemos escapar de los múltiples y variados contextos en los que inevitablemente nos encontramos a lo largo de nuestras vidas. Por eso, la ética tiene que ver con la situación concreta, con el contexto, con el *hic et nunc*, mucho más que con la universalidad. Esta afirmación, a diferencia de lo que piensa la ética moderna no avala ni supone una apología del relativismo moral, aunque —todo hay que decirlo— tampoco viene mal una dosis de relativismo.

5. Telón: Una pedagogía simbólica

Los seres humanos, en la medida en que somos animales simbólicos, siempre estamos en trayecto, en camino, siempre andamos *despidiéndonos* (Rilke). ¿Cómo imaginar desde esta antropología las relaciones educativas? Para finalizar, esta es ahora la cuestión que deseo poner sobre la mesa.

Digamos, en primer lugar, que una pedagogía simbólica solamente podría sobrevivir en una cultura del deseo, de la insatisfacción, en la que nada ni nadie puede saciarla. El conocimiento que en esta cultura tendría lugar es, sin duda, el de lo inseguro, lo frágil, lo provisional, y lo efímero. Si llegamos a buen puerto y encontramos una casa no podremos olvidar que "estamos de alquiler", que nuestra estancia en ella tiene "fecha de caducidad" aunque no la sepamos. No podemos olvidar que nunca somos propietarios de nuestro espacio ni de nuestro tiempo. Por eso la identidad que quiere formar una pedagogía simbólica sería una identidad narrativa.

Pero hay otro aspecto a considerar, otro aspecto que creo, como ya he puesto de manifiesto en el apartado anterior es decisivo en una antropología filosófica de la finitud humana: la *ética*. Adoptar una perspectiva *no metafísica,* sino *antropológica,* no implica en absoluto una debilidad ética. Lo dicho hasta ahora nada tiene que ver con una *ética mínima*, sino todo lo contrario. No es más débil una ética que no tenga fundamento (como la que propone una antropología de la finitud) que una ética con un fundamento ontológico, o teológico, por ejemplo. Una ética simbólica no puede apelar a ninguna instancia metafísica o metahistórica para legitimarse, pero no por ello es una ética débil. Al contrario. La fortaleza de una ética simbólica radica precisamente en su ausencia de fundamento. A una ética, como la que estoy presentando, le es suficiente con la presencia/ausencia del otro, con la alegría y el sufrimiento del otro, le es suficiente con *la sensibilidad frente al mal*. Por eso una ética simbólica, es también siempre y en todo momento una *patética*. Y es esta sensibilidad ante el sufrimiento del otro la que la educación tiene que procurar transmitir.

Entonces, y dicho esto, ¿cómo imagino *la relación maestro-alumno*? Por de pronto como una relación en la que el maestro no pretende poseer el monopolio de la Verdad. El maestro cree que más que verdad o verdadera, *la literatura es veraz*. Inspirándome en Rorty sostengo que la Verdad es atemporal y eterna, sólo que no se sabe muy bien cuándo se está en posesión de ella. La veracidad, en cambio, es temporal, contingente y frágil, como también la libertad. La veracidad simbólica no es verdad porque se ajusta a una realidad comprobable, porque sea demostrable, porque no lo es (de hecho nada lo es), sino porque produce un "efecto de sentido". Pero ¿qué es "aprender de un efecto de sentido"? Aprendemos de efectos de sentido no por la verdad de las cosas (de los libros, de los cuadros, de las sinfonías), sino por sus interpretaciones, porque nos *abren* sentidos, porque *nos provocan* o *nos promueven* sentidos. Lo que se da en la transmisión educativa no es un o el sentido de la vida, no se transmite el camino, el buen camino, el camino correcto, sino la *apertura* del pensar, del hacer, del sentir..., del sentido. Aprender de un efecto de sentido no es sino aprender a ir más allá de todo sentir dado, no es aprender un texto, o una ley, o una norma, sino su *afuera*, lo que no está en el texto, en la ley o en la norma, es aprender lo otro, lo múltiple, las múltiples posibilidades de sentido del texto que nunca podrán determinarse del todo. Esta es, por otro lado, la definición que Odo Marquard da de la *hermenéutica*. A saber: "*La hermenéutica es el arte de extraer de un texto algo que no se alberga en su interior*" (Marquard, 2000:125). O, como escribe Octavio Paz (2001:111):

> "*El sentido es aquello que emiten las palabras y que está más allá de ellas, aquello que se fuga entre las mallas de las palabras y que ellas quisieran retener o atrapar. El sentido no está en el texto sino afuera. Estas palabras que escribo andan en busca de sentido y en esto consiste todo su sentido*".

Obviamente, todo aprender de un efecto de sentido puede llevar consigo una *crisis* de sentido. En efecto, este aprendizaje remite también a este otro aspecto inquietante: la crisis de un "mundo dado por supuesto". Desde el momento en que habitamos el mundo vivimos no solamente *con* los otros, sino *frente* a ellos, frente a *cada uno* de ellos, frente al que se me presenta como *rostro*, como *único*, como portador de un *nombre*. Este otro singular que *me apela* o *me encara* me recuerda que nunca estoy completamente solo en la configuración del sentido, en la invención del sentido (o sentidos). Esta presencia del otro me conmina a decidir *éticamente*. Pero la ética no se concibe aquí como deontología, como un saber anclado en unos principios metafísicos, sino como una expresión antropológica. Quiero decir: somos éticos porque desde el comienzo estamos en un tiempo y en un espacio *en-relación-con-los-otros*, porque somos ineludiblemente seres relacionales. Pero esta relación no es meramente un estar *junto a* otro, sino *frente a* él/ella. La relación ética no es ni una relación "singular" ni "plural", sino "dual", *cara a cara,* porque nos sitúa a cada uno de nosotros *frente* a otro, que siempre es un otro concreto. Así pues, ningún efecto de sentido puede obviar, aunque quisiera, al otro, porque es él el que me hace frente, el que se me encara y me recuerda a cada instante que soy responsable de su suerte. Yo puedo ignorarlo, por supuesto, pero él o ella continua estando allí, llamando mi atención. Sin duda, y hay que insistir en ello, pueden darse efectos de sentido indiferentes al otro, pero él o ella persisten en su llamada a mi *deferencia*.

Creo que la relación educativa puede comprenderse claramente desde este punto de vista. Tanto en la paternidad (maternidad), como en el magisterio, por ejemplo, se experimenta algo que resulta difícil de expresar con palabras: la presencia del otro que quiere llamar mi atención y al que tengo, de un modo u otro, que responder. El modo cómo se concreta esta respuesta lo llamo *ética* y, para ser más explícitos, *compasión*. Como nos recuerda Milan Kundera en su novela *La insoportable levedad del ser*, en las lenguas derivadas del latín la palabra *compasión* significa que no podemos contemplar impasibles el sufrimiento de los demás, significa saber vivir junto al otro su desgracia, pero también sentir con él cualquier otro sentimiento: alegría, angustia, felicidad, dolor... Pero hay que tener bien presente que la relación compasiva con el otro puede ser portadora de efectos de sentido pero también suele ser profundamente crítica con los proyectos vitales que uno ya había construido o establecido, porque también en muchas ocasiones el efecto de sentido deconstruye el sentido que uno se había previamente configurado (lo cual no lo contemplo en modo alguno negativamente). En cualquier caso queda fuera de toda duda el hecho de que el sentido se construye o deconstruye en función de las formas y maneras con las que nos relacionamos con el mundo, con los otros y con nosotros mismos.

En un mundo en el que el *sistema tecnológico* se ha impuesto como horizonte único de saber la *literatura* se convierte, desde una perspectiva netamente pedagógica, en imprescindible. Cuanto más moderno (o postmoderno) se vuelve el mundo, más andamos necesitados de la literatura. Las narraciones serán más necesarias cuanto más tecnológico sea el mundo. Desde el punto de vista de una antropología de la finitud, las pérdidas que supone el proceso de modernización (Odo Marquard diría *los daños de la modernización*), deben ser *compensadas* por las narraciones. En efecto, la literatura puede reanimar tradiciones con las que uno se puede (siempre relativamente) identificar, pero la literatura también puede evocar nuevas interpretaciones a partir de las antiguas. La literatura puede liberar al mundo moderno del peligro de una historia única, del monolingüismo, del Sentido, de la Verdad inmutable, definitiva, eterna. Estoy completamente de acuerdo con Odo Marquard, *la polimiticidad es saludable, mientras que la monomiticidad es dañina* (*op. cit.:*107). Por eso, literatura y monomitismo resultan ser dos conceptos incompatibles.

Bibliografía

CANETTI, E. (1994): "La profesión de escritor", en *La conciencia de las palabras*, México, FCE.

DUCH, L. (2002): *Antropología de la vida cotidiana. Simbolismo y salud*, Madrid, Trotta.

—— y MÈLICH, J.-C. (2005): *Escenarios de la corporeidad*, Madrid, Trotta.

FOUCAULT, M. (1997): *Nietzsche, la genealogía, la historia*, Valencia, Pre-Textos.

HEIDEGGER, M. (1995): *Caminos del bosque*, Madrid, Alianza.

LLEDÓ, E. (2005): *Elogio de la infelicidad*, Madrid, Cuatro Ediciones.

MARQUARD, O. (2000): *Adiós a los principios*, Valencia, Alfons el Magnànim.

PAZ, O. (2001): *El mono gramático*, Barcelona, Seix Barral.

NEHAMAS, A. (2002): *Nietzsche, la vida como literatura*, Madrid, Turner/Fondo de Cultura Económica.

NIETZSCHE, F. (1974): "Introducción teorética sobre la verdad y la mentira en el sentido extramoral", en *El libro del filósofo*, Madrid, Taurus.

—— (1979): *La genealogía de la moral*, Madrid, Alianza.

—— (2000): *Más allá del bien y del mal*, Madrid, Alianza.

PLESSNER, H., (1983): "Die Frage nach der Conditio humana", en *Conditio humana. Gesammelte Schriften VIII*, Frankfurt, Suhrkamp.

PUTNAM, H. (1988): *Razón, verdad e historia*, Madrid, Tecnos.

ROMBACH, H. (2004): *El hombre humanizado. Antropología estructural*, Barcelona, Herder.

RORTY, R. (2002): *Filosofía y futuro*, Barcelona, Gedisa.

EXCURSUS:

POR UNA PEDAGOGÍA NARRATIVA

*"Al final de este día queda
lo que quedó de ayer y
quedará de mañana:
el ansia insaciable e
innúmera de ser siempre
el mismo y otro".*

F. Pessoa,
Libro del desasosiego

Por Natalí Rocha Capiello

Los grandes cambios del mundo siempre se han relacionado con la palabra revolución. Ésta ha quedado en nuestra mente como el estigma de un dolor que fue necesario para que la humanidad superara etapas y progresara. Sin embargo, se ha creado alrededor del término un halo de negatividad, porque supone desestabilidad, desequilibrio y grandes sacrificios, y porque suele presentarse junto con una atmósfera de confusión, desafío y riesgo. En Latinoamérica, y en muchas otras regiones del mundo, la palabra revolución ha adquirido nuevamente resonancia, porque la sociedad está demandando cambios. Alcanzarlos dependerá de la identificación de los vacíos de nuestro tiempo, y, sobre todo, de un mayor compromiso de pensamiento y de acción.

A partir de estas premisas, quiero dirigir la atención hacia el lugar que ocupan la educación y el arte como elementos de transformación social, en tiempos en los que las necesidades humanas más profundas se han diluido en la indiferencia colectiva. El cambio de paradigma que actualmente se está produciendo en el mundo exige una profunda reflexión. Históricamente es un momento crucial, todo lo que se daba por sentado se tambalea: la religión, los valores, la política, la familia, la sociedad, la cultura y, por ende, la educación. Son momentos donde se suscitan cambios extraordinariamente creativos, y que están favoreciendo nuevas perspectivas. Se podría definir como un fenómeno de la psicología de masas, en el que las personas sensibles reaccionan con una mayor actividad, y generan importantes transformaciones.

El arte y la educación también se han hecho eco de estas necesidades, y se han abocado a reorganizar, redefinir y revalorizar el paradigma pedagógico y estético. La búsqueda de nuevas formas de expresión, de pensamiento y de perspectivas, ha implicado necesariamente el replanteamiento de los sistemas y paradigmas precedentes.

El ser humano, como ser cultural que es, traduce e interpreta la "realidad" que vive en símbolos cotidianos, singulares porque lo hace de acuerdo a su propia percepción del mundo como respuesta a una necesidad interior que está estrechamente vinculada con su medio y su tiempo. Es por eso que, para hablar de revolución, de transformación, de cambio, se hace necesario, primeramente, construir una mirada interior, que permita luego poder proyectarse. Tomaré prestadas las palabras de un viejo proverbio chino: "*Si queremos cambiar el mundo, primero debemos cambiar el estado; si uno quiere cambiar el estado, primero tiene que cambiar a la familia; si uno quiere cambiar a la familia, primero tiene que cambiarse a sí mismo*". Se comprende, según esta visión, que es desde ahí (del sí mismo), desde donde se pueden realmente producir las grandes y profundas transformaciones. Es, entonces, la educación un medio fundamental para alcanzar los verdaderos cambios de perspectiva, y el lugar para plantear la reconstrucción de ese mundo que soñamos.

Desde esta perspectiva, cobra mayor fuerza la necesidad de una pedagogía fundamentada en la antropología simbólica y estética. Son estas precisamente algunas de las coordenadas, entre otras, las que han guiado la investigación de Joan-Carles Mèlich, profesor de Filosofía de la Educación en la Universidad Autónoma de Barcelona, que muestran, dentro del área de la filosofía de la educación, cómo la ética, más que una palabra, marca, en su lenguaje, las referencias y las reflexiones constantes para una pedagogía acorde con este momento histórico de profundos cambios. Como toda transformación, el tiempo marca el ritmo. Al igual que en el epígrafe de Pessoa, al inicio de estas páginas, así lo define Mèlich[1]:

"Una antropología del tiempo es una antropología de la transformación, una antropología que daría lugar a una pedagogía que cree que 'formar es transformar'. La transformación es, simultáneamente, novedad y persistencia de alguna cosa que ya era. Siempre transformamos desde aquello que ya somos, desde aquello que tenemos".

En su discurso, Mèlich nos apunta que la educación no puede desvincularse de la ética, y hablar de ética es hablar de estética. Una ética que manifiesta recurrentemente la necesidad de vencer la indolencia, y que nos exhorta a ser deferentes con el otro. En esto se traduce una pedagogía estética. De ella, van surgiendo las palabras claves que estructuran su obra, y articulando términos como pedagogía de la finitud, de la contingencia, del testimonio, de la narración, de la

---

1.   Mèlich, J.-C. (2002): *Filosofía de la finitud*, Barcelona, Herder, pág. 29.

memoria, de la corporeidad, del símbolo, de la situación límite, del acontecimiento, del tacto, de la sensibilidad.

¿Qué alternativas encontramos en una pedagogía antropológica como la que Mèlich nos plantea? En primer lugar, hay que destacar que Mèlich vislumbra y describe un mundo en el cual la tecnología le ha ganado todo el terreno a las ciencias humanas: lo tecnológico ya ha dejado de ser un instrumento para convertirse en una filosofía, en una forma de vida y de pensamiento. Es una sociedad en la que el sistema tecnológico se ha instalado como único horizonte de saber. El terrible peligro que esto supone, es que ahí donde creíamos poder alcanzar todas las respuestas, sólo hemos logrado perder nuestra identidad, nuestro nombre propio y hasta el sentido. Nos hemos quedado sin alma. Ante estas pérdidas sustanciales, hay que buscar compensaciones.

Este libro es una invitación, pero también una demanda a pensar desde un punto de vista diferente, a mirar desde una antropología de la finitud, en la que el arte y la literatura se convierten en algo imprescindible. Cuanto más moderno-postmoderno se vuelve el mundo, más necesitados estamos del mundo poético, estético y simbólico.

En segundo lugar, para Mèlich, es imposible crear métodos científicos que restituyan el sentido de la vida. Y es contundente al afirmar que en la actualidad se hacen necesarias otras fuentes generadoras de sentido, como, por ejemplo, la *imaginación,* una razón capaz de brindar a los seres humanos la posibilidad de crear sus propios sentidos. La tarea de la educación, en una época de vacíos existenciales, es pensar y creer que su función, además de la transmisión de conocimientos, es también educar para la formación de esa razón imaginativa que sea capaz de describir e inventar sentidos. Esta pedagogía promueve la transformación de la vida en un universo en el que no hay fórmulas ni preceptos, en el que nada es absoluto y eterno, ni hay soluciones definitivas: lo que hay es provisionalidad y finitud.

Pensar en una pedagogía de la finitud implica que el ser humano, desde una perspectiva fenomenológica, se caracteriza estructuralmente por sus límites, y que sólo cuenta con dos únicas certezas: el haber nacido y el tener que morir. Esto supone una fracción de tiempo definida, un trayecto concreto de vida que se encuentra inscrito en una cultura. Que el ser humano sea finito significa que no es absoluto, que siempre vive y se desarrolla alrededor de una urdimbre de interpretaciones; que constantemente debe situarse, re-situarse (y reacomodarse) en una tradición, en una cultura, en un espacio y en un tiempo determinados.

Necesitamos interpretar y reinterpretar "el mundo", con un tipo de lenguaje que incluya, además de conceptos, metáforas, signos, símbolos, miradas, gestos, silencios, formas que expresen lo que sentimos, lo que pensamos y lo que somos. Es evidente que la sensibilidad ocupa un lugar privilegiado en la pedagogía que nos intenta mostrar. A pesar de que la "tradición metafísica" nos ha llenado de términos vacíos, totalitarios y uniformadores desprestigiando la sensibilidad y los sentimientos, su propuesta pedagógica pretende rescatarlos enfáticamente dándoles la importancia y el valor que tienen. Mèlich explica que algo es valioso, más por la emoción que nos provoca, que por las razones lógicas que puede ofrecer. En este sentido, para la pedagogía estética, educar es cuidar del otro, hacerse cargo de él, acompañarlo, acogerlo. Destaca un elemento importante y muy humano, como es el afecto. Por eso en toda educación hay ética. Educar es dar sin esperar nada a cambio. En ese *dar* del maestro, no solamente se *ofrece* algo, sino que *se ofrece* a sí mismo. El *dar* educativo es un *darse* a los demás.

En suma, Mèlich propone que una relación sensible con lo individual, lo particular, lo cotidiano, lo singular, es la que nos puede resultar verdaderamente ineludible para la formación. Las relaciones educativas son decisivas para todo ser humano, y más aún, en aquellas en las que maestro y discípulo se hallan "cara a cara". Una pedagogía configurada alrededor de la sensibilidad, de la ética, no debe confundirse con apología de la incertidumbre, de la ambigüedad; por el contrario, se ajusta al cambio, que es algo connatural a la vida. Toda ética, como la vida, es ambigua, contingente e incierta. La ética es como un viaje, un viaje de transformación. No nos transformamos para imitar y seguir un modelo, sino para vivir, para seguir vivos y construir nuestro propio camino, cada uno desde su necesidad, su identidad, su particularidad, su cultura.

"Lo eternamente humano está sujeto a las transformaciones. Debe ser y será, no puede parecer, sino únicamente pasar a nuevas formas de vida, como todo aquello que es de su misma naturaleza"[2].

La entrevista que a continuación se presenta está compuesta por cinco conversaciones realizadas entre los meses de julio y septiembre del 2005. Agradezco especialmente al profesor Joan-Carles Mèlich el tiempo que empleó para llevarla a acabo, su dedicación, la transmisión desinteresada de sus conocimientos, su paciencia y consideración, y por supuesto, la valiosa oportunidad que me ha brindado, participar en el proyecto de este libro con esta humilde aportación pero llena de justificada admiración y entusiasmo.

Natalí Rocha Capiello
Barcelona, 2005

---

2.   Poema de Thomas Mann que Gastón Bachelard cita en *La poética del espacio*, Fondo de Cultura Económica, México, 1983.

— I —

18 de Julio de 2005. Estamos en pleno verano… Son las once de la mañana, hora de nuestro encuentro en el metro *Glòries* (Barcelona). Entre el saludo y el comentario del tiempo, caminamos varias manzanas hasta llegar al taller donde pinto y realizo mis obras artísticas. Comentamos el mural que estoy haciendo y al expresar mi planteamiento plástico surge el interés por las reflexiones que nos hacemos para crear y desarrollar una idea, bien sea en el plano del arte, en la literatura, en la poesía, o en la filosofía.

— N: Me gustaría que me contaras de dónde vino tu interés por el tema de la *muerte* ¿Existió algún acontecimiento personal que te llevó a estudiar y a escribir sobre esta cuestión? Te lo pregunto porque creo que a partir de aquí se desprenden las palabras claves que estructuran tu discurso: la situación, el símbolo, el testimonio, la narración, la contingencia, la finitud…

— J.C.M: Todo parte siempre, en efecto, de una experiencia vital. Tengo la impresión de que una obra, en mayor o menor medida, es autobiográfica. Lo que uno escribe responde a sus intereses vitales, existenciales y personales, aunque esto no significa que para que pueda ser entendida, comprendida o valorada se tenga que conocer la biografía del autor, porque en el fondo lo más importante de un libro, de un cuadro, de una sinfonía…, es lo que me dice *a mí*. El *texto* tiene autonomía, posee *vida* independientemente de su creador. Por tanto, no estoy muy seguro que sea necesario conocer mi trayecto biográfico para entender lo que he escrito, pero de todos modos intentaré responder a tu pregunta.

Acostumbro a decir que, al menos para mí, solamente hay dos cuestiones verdaderamente importantes en la vida de los seres humanos, dos cuestiones que se pueden expresar con las palabras griegas *Eros* y *Thanatos*, el *amor* y la *muerte*. Entiendo *amor* en un sentido muy amplio: la paternidad, la amistad, el erotismo… y la *muerte* también en sentido muy amplio: el sufrimiento, el dolor físico, la crisis de sentido, la muerte de un ser querido…

Si hago un rápido repaso a mi vida, uno de los primeros recuerdos que tengo es la muerte de mi abuela. Yo vivía con mis padres en su casa y ella llevaba muchos años enferma de cáncer. Lo recuerdo como si fuera ayer. Una mañana, cuando todavía estaba en la cama, ella entró en la habitación y, de repente, cayó al suelo delante de mí. Después de 35 años pienso que ese fue uno de los acontecimientos que ha marcado mi obra. Desde entonces siempre he pensado sobre el sentido de la vida, sobre todo si sabemos que vamos a morir. ¿Cómo es posible vivir con esa certeza? Supongo que aquí entra en juego el segundo de los temas a lo que antes me refería: el *Eros*. Cada vez estoy más convencido que el amor (el erotismo, la paternidad, la amistad…) es lo que *compensa* la muerte.

—N: Me gustaría que hablaras de tu interés por la lectura desde muy pequeño…

—J.-C. M.: Uno es sus experiencias y, por lo tanto, también sus lecturas. No me considero ningún niño prodigio, no soy de esos niños que leyeron el *Quijote* a los nueve años. Mis primeras lecturas fueron las historias que escribía Enid Blyton. Me leí entera la serie de "Los Cinco" y también la de "El club de los Siete Secretos". Eran historias de misterio. Será por eso que quizás he seguido leyendo novela negra durante toda mi vida. Primero Agatha Christie y luego más recientemente Patricia Highsmith, P. D. James y Henning Mankell.

También tuve un temprano interés por la poesía, especialmente por la generación del 27: El *Romancero gitano* de Lorca, *Sobre los ángeles* de Alberti, *La voz a ti debida* de

Pedro Salinas, *La realidad y el deseo* de Luis Cernuda, *Hijos de la ira* de Dámaso Alonso y, sobre todo, la obra poética de Miguel Hernández que leí a los dieciséis años. Los sonetos de *El rayo que no cesa* me han acompañado siempre. Ahora lo leo poco porque me lo sé de memoria, a veces voy por la calle y me lo recito… y me acompaña siempre. También debería mencionar las novelas. Algunas que leí a los dieciséis y diecisiete años han sido decisivas en mi formación. Estoy pensando en *La metamorfosis*, *El proceso* y *El castillo*, de Kafka, *Los hermanos Karamazov* y *Crimen y castigo* de Dostoievsky, la trilogía narrativa de Samuel Beckett (*Molly*, *Malone muere* y *El innombrable*) y sus obras de teatro (*Esperando a Godot* y *Fin de partida*), *Las palabras* y *La náusea* de Sartre, *El extranjero* de Albert Camus, *El túnel* de Ernesto Sábato, *El Aleph* de Borges, los cuentos de Cortázar, *Cien años de soledad*, de García Márquez y los primeros libros de filosofía: *Así habló Zaratustra* y *El Anticristo* de Nietzsche.

—N.: ¿Y leíste a Herman Hesse?

—J.-C. M.: Sí, muy joven… *El lobo estepario*, *Demian*, *Siddartha*… pero nunca lo he releído. No creo que haya tenido una importancia decisiva, al menos no soy consciente de ello.

—N.: ¿Algunos más?

—J.-C. M.: Tengo en mente las dos obras filosóficas más importantes del siglo XX: *Ser y tiempo* de Heidegger y *Tractatus logico-philosophicus* de Wittgenstein, que leí con diecisiete y dieciocho años.

—N.: No te creo…

—J.-C. M.: Pues sí, la verdad es que de *Ser y tiempo* entendí muy poco, pero me impresionó el capítulo sobre la muerte. A veces pienso que fue la lectura de este libro lo que me impulsó definitivamente a estudiar filosofía. Estamos hablando de 1979. Durante algunos años Heidegger me fascinó. De hecho, le dediqué mi tesis de licenciatura presentada en la Universidad Autónoma de Barcelona a finales de 1984. Después, se publicó en esta Universidad en catalán con el título: *Pedagogia de la finitud* (1987). Pero ya en mi tesis doctoral me separé de Heidegger. Me seguía interesando la cuestión de la muerte y buscaba algún autor que me sirviera de apoyo. Entonces encontré a Karl Jaspers. De hecho ya había oído hablar de él, pero nunca lo había leído en profundidad.

Una parte de la obra de Jaspers gira alrededor de la situación y, concretamente, del ser humano como ser-en-situación. No solamente no he abandonado esta idea de Jaspers sino que hoy por hoy es uno de los pilares de mi pensamiento. Jaspers, además, introduce la noción de *situación-límite*. Son situaciones-límite aquellas con las que necesariamente tendremos que convivir en un momento u otro de nuestra existencia y, evidentemente, entre ellas está la muerte. De ahí nació mi tesis doctoral leída en 1988 y publicada un año más tarde con el título *Situaciones-límite y educación. Estudio sobre el problema de las finalidades educativas* (Editorial PPU, Barcelona, 1989).

—N.: Fíjate que la muerte aparece en todo lo que me has dicho…

—J.-C. M.: Sí, es cierto. De hecho, en aquel momento, mi interés principal era construir unas bases antropológico-filosóficas de una pedagogía de la muerte. Quizás, en ese sentido, debería mencionar la importancia que tuvo la lectura de la obra de Viktor Frankl, concretamente *El hombre en busca de sentido*. A Frankl lo conocí personalmente años después en 1991 en su casa de Viena. Lo que en principio debería haber sido una conversación de quince minutos, se convirtió en un apasionado diálogo que duró toda una mañana. Fue una experiencia inolvidable. Pude ver fotos suyas con Heidegger y con Jaspers, y Frankl me confirmó la intuición que yo había tenido años antes al escribir mi tesis: Jaspers era probablemente el filósofo que más le había influido.

—N.: Muchas veces cuando escuchamos hablar de la muerte, del sufrimiento, del dolor humano… me quedo con una sensación de vacío, pero cuando te escucho eso no me pasa. En tu caso, y es una de las cosas más importantes que veo en tu obra, sucede lo contrario. Le das un sentido positivo, es decir, muestras otra perspectiva del tema, brindas posibilidades…

—J.-C. M.: Bueno, de hecho, hay toda una tradición filosófica que arranca en Platón, que sostiene que *filosofar es aprender a morir*…

—N.: Pero incluso así, lo siento esperanzador… hay algo más… muestras algo más…

—J.-C. M.: Pero también es verdad que uno de los autores que he tenido presente es Ernst Bloch. El primero que me habló de Bloch fue uno de mis profesores de la Universidad Autónoma de Barcelona, José Manuel Udina, que había hecho una tesis sobre Bloch. Pero en aquella época, te hablo de mediados de los ochenta, yo todavía estaba bajo el influjo de Heidegger y no le hice mucho caso. Más adelante he ido leyendo y releyendo a Bloch, aunque en pequeñas dosis. Es verdad que nunca lo he estudiado sistemáticamente, pero su obra siempre la tengo presente. Este interés aumentó en el año 1995 cuando conocí a Lluís Duch. Duch fue alumno de Bloch en la Universidad de Tubinga, Alemania, y fue él el que me acabó de convencer de que Bloch es un autor capital en la actualidad. Como todo el mundo sabe, toda la obra de

Bloch gira alrededor de la esperanza, el deseo, los sueños. Además literariamente la obra de Bloch es bellísima…

— N.: ¿Qué libro recomendarías de Bloch?

— J.-C. M.: Su obra fundamental: *El principio esperanza*, de la que acaba de aparecer una nueva edición en la editorial Trotta, (Madrid), en tres volúmenes.

— N.: Me gustaría que regresaras a Platón.

— J.-C. M.: Te voy a decir una cosa. Últimamente suelo comentar con mis alumnos que la mejor forma de saber si a uno le gusta la filosofía es leyendo a Platón. No digo esto en el sentido de que a uno le *debería gustar* lo que dice Platón. La filosofía de Platón a mí personalmente no me gusta, pero los temas que plantea y la forma de plantearlos, el *diálogo*, resultan apasionantes para cualquier amante de la filosofía. No me cabe la menor duda de que para mí algunos diálogos de Platón constituyen no solamente una fuente de reflexión profesional sino también un acompañamiento vital. No puedo imaginar mi vida sin el *Fedón*, *El banquete*, el *Protágoras*, "El mito de la caverna" de *La República*. Cada vez que releo los últimos minutos de la muerte de Sócrates en el *Fedón* me emociono. Estas constituyen para mí algunas de las páginas más hermosas que jamás se han escrito…

— N.: Te das cuenta de que lo que me comentas es tu testimonio, tus experiencias a partir de estas lecturas…

— J.-C. M.: Sí, es verdad. Esto creo que es lo más importante que pueda hacer un maestro: dar testimonio. En este caso concreto transmitir la pasión por algunas de las obras fundamentales de la cultura occidental.

— II —

Hoy, 25 de julio de 2005, nos encontramos en la librería Laie (Barcelona). Son las 11:45 de la mañana. Estoy sentada en el área de arte viendo un libro sobre el expresionismo alemán, llega Joan-Carles Mèlich. Me cuenta que el pasado fin de semana se compró aquí mismo el libro de Zygmunt Bauman, *Amor líquido*, que acaba de aparecer en castellano. Bauman también es uno de los autores que está leyendo actualmente (por cierto, lo conocimos juntos personalmente el invierno pasado en una conferencia en Barcelona). Hace otro comentario referente al centenario de Elias Canetti, que se conmemora hoy, y apunta que es uno de sus autores de cabecera. Le digo, en tono de reflexión, que siempre me había parecido que la estructura conceptual de su obra era la ética pero me parece que no es así, porque releyendo algunos textos me doy cuenta que hay un tema constante en todas las vertientes de su discurso…

— J.C.M.: ¿No es la ética?

— N.: No…

— N.: Creo que la constante de la que te hablo es la muerte. Aunque en muchos casos no es evidente, siento que tácitamente está en todos tus planteamientos, o que al menos ha inspirado en mayor o menor medida toda tu investigación. ¿Podría decirse, entonces, que para ti la única certeza es la muerte?

— J.M.C.: No, que nacemos también.

— N.: Quieres decir que partimos y llegamos… Hay un punto de partida y un punto de llegada, pero la conexión entre esos dos puntos es la vida, el camino, la contingencia. Leyendo tu *Filosofía de la finitud* (Barcelona, Herder, 2002) creo entender que para ti es ahí donde radica todo.

Hoy en día vivimos en una época de incertidumbre y, al mismo tiempo, en un universo de "comodidad tecnológica". ¿Por qué crees que a pesar del progreso actual nos sentimos cada vez más solos, caminando en terreno movedizo, desamparados y sumergidos en un vacío existencial?

— J.M.C.: Lo que planteas me parece muy interesante, fundamental diría yo. Me recuerda la pregunta que Freud se formula en *El malestar en la cultura*. *El malestar en la cultura* es una obra capital en el pensamiento del siglo XX. En este pequeño texto publicado en 1930, Freud se interroga sobre lo mismo que tú me acabas de exponer. ¿Por qué si vivimos en una época en la que la ciencia y la técnica han avanzado tanto, una época en la que tenemos tantas comodidades, nos resulta tan difícil ser felices? A mí no me cabe la menor duda de que la gran enfermedad de nuestra época es la depresión. El creador de la "logoterapia", Viktor Frankl, nos habla de la *neurosis noógena*, es decir, de la crisis de sentido o vacío existencial, como tú has dicho. Yo creo que, efectivamente, una de las causas de la crisis del hombre contemporáneo es la "sobreaceleración del tiempo" y la irrupción de los "espacios de anonimato". Respecto a la primera cuestión, que Lluís Duch se ha ocupado de desarrollar en sus libros, diría que la sociedad postmoderna y tecnológica (Bauman hablaría de la *modernidad líquida*), es la que ha creado una cosmovisión en la cual el valor imperante es la velocidad. Basta con leer las primeras páginas de la novela de Milan Kundera *La lentitud* para darse cuenta de ello. Otro ejemplo podría ser el cuento de Michael Ende *Momo*. Este es un relato que leí de joven y que ahora vuelvo a recomendar a mis alumnos. *Momo* trata de los "hombres grises", los "ladrones del tiempo". El tiempo es oro para ellos y hay que saber administrarlo bien. Pero como dice Ende en unos de los capítulos, el tiempo es vida, y cuanto más tiempo ahorra la gente menos vida tiene. En definitiva, si no somos capaces de aprender a vivir humanamente el tiempo, es decir, a ser veloces cuando hay que ser veloces y a ser lentos cuando hay que serlo... no seremos capaces de sobrevivir el momento presente. Las cosas más importantes de la vida necesitan tiempo... De la misma forma que ocurre con la digestión, esto es, que aunque comamos muy rápido la digestión necesita su tiempo, lo mismo ocurre con esos aspectos fundamentales de toda existencia humana: el amor, la amistad, la paternidad, la lectura, el viaje, la conversación, el juego... todo necesita tiempo. Esa sobreaceleración del tiempo, ese imperialismo de la velocidad propio de la sociedad tecnológica, ha afectado sobre todo a las relaciones humanas, y ahí es donde radica fundamentalmente la crisis de sentido. Ésta es una crisis de relación. Desde el punto de vista de una filosofía antropológica de la finitud que no cree en una esencia humana transhistórica, intemporal (al modo metafísico), para una filosofía antropológica de la finitud, decía, la calidad de la vida humana tiene que ver con la calidad de las relaciones que somos capaces de establecer con los otros. Por eso, la actual crisis de sentido es el resultado del fracaso de las relaciones y, más concretamente, yo diría que es el producto de la crisis de la amistad.

¿Por qué se ocupan poco los filósofos hoy en día de la amistad? La amistad es el gran tema de la filosofía griega. ¿Y qué es la amistad? La palabra que a mi juicio resume mejor la relación con el amigo es la *confianza*. También podríamos hablar de la *proximidad*. El amigo es el que está próximo a mí, aunque físicamente esté lejos... También podemos hablar de la *comunicación* más allá de la mera transmisión de información. El avance y progreso de la sociedad tecnológica ha tenido más consecuencias nefastas para las relaciones humanas y en concreto para la amistad. Éste es uno de los temas que estoy estudiando actualmente al que me gustaría dedicar un libro. Por cierto, ¿te acuerdas que el otro día hablábamos de los diálogos de Platón?

— N.: Sí.

— J.C. M.: Pues bien, una de las cosas más bellas de esos diálogos es la relación entre Sócrates, el maestro, y sus discípulos. La relación entre el maestro y los discípulos es una relación de amistad. Lo más emocionante del *Fedón* es justamente el hecho de que Sócrates elige a sus alumnos, a sus amigos, para que le acompañen en el momento de morir. Son ellos los que comparten con él sus últimos momentos. Es esa amistad entre el maestro y el discípulo la que brilla por su ausencia en la sociedad tecnológica y es también esa crisis de amistad una de las causas, creo, de la actual crisis de sentido.

— N.: Entonces, ¿cuál sería para ti el papel del maestro, del profesor, en la sociedad actual sumergida en esa crisis de sentido de la que estamos hablando?

— J.C.M.: Desde mi punto de vista, en la sociedad tecnológica la figura del maestro ha sido sustituida y eclipsada por la figura del profesor o el docente. Con esto no estoy criticando la labor del profesor pero creo que en una buena educación no basta con ser un "buen" profesor. También hay que saber ser maestro. Lo que ocurre es que a mucha gente le da miedo...

— N.: ¿Quieres decir que hay una diferencia importante entre maestro y profesor, entre maestro y docente?

— J.C.M.: Sí, efectivamente. Para decirlo brevemente, creo que el profesor se mueve en el ámbito de la ciencia (*scien-*

tia), en un sentido amplio. El maestro en cambio, lo hace en el ámbito de la sabiduría (*sapientia*). Ambas, ciencia y sabiduría, son igualmente necesarias para una buena formación.

—N.: Esto me recuerda lo que dice Rombach…

—J.C.M.: En efecto, el filósofo alemán Heinrich Rombach lo trata en su libro *El hombre humanizado*, (Barcelona, Herder, 2004). Este es uno de los libros de antropología filosófica que más me han gustado de todos los que he leído en los últimos años y que recomiendo vivamente. Pero para establecer una diferencia entre el "maestro" y el "profesor" también nos puede ser útil la distinción que Ludwig Wittgenstein lleva acabo en el *Tractatus*. Me refiero al contraste entre el "decir" y el "mostrar". Inspirándome en Wittgenstein, diría que el profesor "dice" mientras que el maestro "muestra". Pero es decisivo aquí tener muy claro que no pretendo contraponer las dos figuras, como si estuviera realizando una apología del maestro contra el profesor, o lo que es lo mismo una defensa del "mostrar" frente al "decir". Insisto, desde mi perspectiva, una buena educación sería aquella que sabe *decir* y *mostrar*, o en otras palabras, una buena educación es la que transmite *ciencia* y *sabiduría*.

—N.: ¿Cómo puedo entonces transmitir que debemos tener más tiempo para dedicárselo a lo más fundamental de la vida humana, a vivir con calidad y no con cantidad? ¿Cómo puedo transmitir la emoción de aprender tomando en cuenta la experiencia sin determinismos, sin fórmulas ni patrones estáticos de vida?

—J.C.M.: Yo creo que aquí sería interesante introducir la figura del *testimonio*. En mi *Filosofía de la finitud* (Barcelona, Herder, 2002) ya dediqué un capítulo a esta temática aunque era solamente un esbozo. ¿Qué es ser testimonio?

A veces confundimos *dar testimonio* con *dar ejemplo*. Como tú sabes soy muy crítico con aquellos que defienden la necesidad del ejemplo porque muchas veces "dar ejemplo" no es otra cosa que *darse* como ejemplo, esto es, presentarse a sí mismo como modelo. Esto me parece muy peligroso, el que da ejemplo se da como ejemplo. Es aquel que dice: "hazlo como yo, porque lo hago muy bien. Mira qué bien lo hago, imítame, sé como yo". Esto no tiene nada que ver con el testimonio. Mientras que el que da ejemplo está preocupado en sí mismo, en su propia imagen, el testimonio está preocupado fundamentalmente en el otro, tanto en el otro ausente como en el otro presente. El que da testimonio transmite una experiencia, transmite *su* experiencia, pero ésta siempre está atravesada por ausentes, nunca es completamente *su* experiencia porque hay otros que ya no están pero siguen vivos en ella. De esto trataba mi libro *La ausencia del testimonio* (Barcelona, Anthropos, 2001), lo que pasa que ahí lo aplicaba a un caso muy concreto: los supervivientes del campo de exterminio. El que da testimonio está preocupado por aquel que lo recibe. Este no tiene que repetir la experiencia recibida, lo que tiene que hacer es configurar la suya a partir de la de su maestro...

— N.: O motivada por la experiencia del maestro...

— J.C.M.: Sí, pero aquí entra en juego un factor muy importante que es la cuestión de la ambigüedad y la imprevisibilidad. Nunca puedo saber, ni creo que sea bueno saberlo, cómo va a configurar el otro la experiencia que yo le he legado. Esto es lo que hace que la tarea educativa sea apasionante y al mismo tiempo angustiosa...

— N.: Porque no tenemos el control de los resultados de las propias experiencias...

—J.C.M.: En efecto, frente a una pedagogía tecnológica que valoraría negativamente esta *ambigüedad*, una pedagogía de la finitud o si lo prefieres una pedagogía *narrativa* la situaría en su centro.

—N.: Aquí cabe acotar la diferencia entre *experimento* y *experiencia*...

—J.C.M.: Este es un aspecto muy importante. Una de las lecturas imprescindibles sobre esta temática que cada año suelo trabajar con mis alumnos de doctorado es *El Narrador* de Walter Benjamin, un breve texto publicado en 1934. Benjamin califica a nuestra época como un tiempo pobre de experiencia, y vincula esta pobreza de experiencia con la crisis de la narración. La sociedad tecnológica es la sociedad de la información. El auge de lo informático ha supuesto un declive de lo narrativo o, para decirlo con Benjamin, "del arte de intercambiar experiencias".

—N.: Aquí, con todo lo que me dices, veo dibujada la *ética*, en el sentido que tú le das, es decir, *ser sensible al sufrimiento del otro*...

—J.C.M.: No cabe duda de que la cuestión *ética* constituye el centro de mi laberinto. Tratar de la ética es hablar de la narración, de la experiencia del testimonio, de la ambigüedad, de la incertidumbre, de la amistad y, por supuesto, de la educación. Una de las tesis que llevo quince años repitiendo es que *no hay educación sin ética*. Sin ética la educación queda reducida a un puro adoctrinamiento o, si lo prefieres, a mera domesticación. Luego podemos volver sobre esta cuestión, pero ahora déjame decir algo más. Es curioso observar que, a diferencia de lo que pudiera creerse, en la actual sociedad tecnológica se habla constantemente de ética. Tengo la sensación que nunca antes se había hablado tanto de esta cuestión. Pero nada tiene que ver esa ética con la que yo propongo. En la sociedad tecnológica la ética es un sinónimo de deontología profesional, de un "código" de deberes (y quizás de derechos) Para una filosofía antropológica de la finitud, como la que yo defiendo, la ética no tiene nada que ver con un código. Para mí, la ética es una relación, una experiencia, un acontecimiento de alteridad, de responsabilidad, de compasión. Esto lo aprendí hace muchos años, en 1987, cuando empezaba a leer la obra de Emmanuel Levinas, en concreto, su libro *Totalidad e infinito*.

— N.: Si no estamos sumergidos en este ritmo acelerado…, si no estamos adoctrinados…, o simplemente pensamos y sentimos diferentes…, nos sentimos a la vez aislados, marginados, apartados…, es decir, esta sociedad tecnológica "clasifica" a las personas.

— J.C.M.: Esto que dices me recuerda a una de las tesis de Zygmunt Bauman que desarrolla al inicio de su libro *Modernidad y ambivalencia* ¿sabes cual es para Bauman el artista que expresa mejor este aspecto de la modernidad al que aludías?

— N.: No.

— J.C.M.: Piet Mondrian.

— N.: Mondrian es mi artista favorito, mi maestro en la pintura. Los planos de color, su estructura pictórica, los contrastes, en fin todo su planteamiento plástico me cautiva…

— J.C.M.:Yo creo que lo que estás diciendo es otro aspecto de la sociedad tecnológica que intento describir en mi *Filosofía de la finitud*. Me refiero a la burocracia. Creo que éste es otro de los elementos perversos de la *modernidad líquida*. Empecé a descubrirlo leyendo a uno de los novelistas que, como sabes, más me han interesado: Franz

Kafka, especialmente su novela póstuma *El Castillo*. Kafka es el gran analista del fenómeno burocrático. El burócrata es, por de pronto, aquel que no tiene nombre. El burócrata no es nadie, es una función, es un funcionario. K, en *El Castillo*, es el paradigma del funcionario. Cuando a K le preguntan quién es, él responde: "Soy el agrimensor". Por eso K no es un nombre. K no tiene nombre. Creo que, en la sociedad tecnológica, todos somos de alguna manera *funcionarios*. Somos valorados por la *función* que desempeñamos. Somos reducidos a piezas de esa inmensa máquina burocrática, y eso significa también que podemos ser automáticamente sustituidos, es decir, que nadie es imprescindible.

— III —

Estamos a principios de septiembre, en el tren… Mèlich me comenta: "Septiembre es el mes que más me gusta porque no pertenece propiamente ni al verano ni al otoño, y precisamente por eso me gusta. Me fascinan las situaciones de fronteras. Me gustan los híbridos, los pasajes…"

— N.: Los matices, las transparencias…

— J.C.M.: Los velos, los grises… sí, las transparencias…, los matices…, me gusta más el proceso y no tanto el producto. Por eso tiendo hablar más del *situarse* que de la *situación*, me gusta recrearme en el camino y no en la llegada o la partida…

— N.: Hay en esa reflexión una apertura de posibilidades, algo que no está terminado, un cambio que se presenta como constante, donde la espera es fundamental.

— J.C.M.: Hay algunas palabras que definen mi manera de ver la vida humana. Una de ellas es el *deseo*, en el sentido que lo desarrolla Sócrates en *El banquete* de Platón. El deseo siempre es inconformista, nunca puede satisfacerse. Por eso digo que no estamos instalados, situados, ubicados, sino que estamos siempre *instalándonos*. Es otra manera de expresar lo que dice Rilke en el verso con el que empieza este libro: "Nuestra vida pasa transformando", o también que "vivimos siempre en despedida". ¿Te gusta esta idea?

—N.: Sí, me gusta mucho, porque para mí ese estado de indefinición o en proceso de transformación describe la oportunidad de ser quien queremos ser, o por lo menos acercarnos aunque sea un poquito a lo que soñamos. Es la oportunidad de aprender, de cambiar lo que no nos gusta de nosotros mismos, de modificar nuestra realidad. Significa tener la esperanza de algo mejor. Eso me mantiene viva...

—J.C.M.: Pero eso también tiene un inconveniente grave y es que la gente que piensa como yo nunca puede ser feliz..., porque, como diría Schopenhauer, lo que no es dolor es aburrimiento.

—N.: No estoy de acuerdo. Creo que si vivimos en tiempos de precariedad material y humana, en pobreza, en tristeza profunda, en infelicidad, estar en proceso y en constante cambio supondría (lo que dije antes) la posibilidad, aunque esperanza o deseo, de hacer algo..., pero mejor aún no se trata de ver la felicidad como un término, como final de trayecto, ni como resultado sino como estado interior, de paz interior, de actitud ante la vida...

—J.C.M.: Es verdad si entiendes que siempre puedes ser feliz en la infelicidad. Una posición muy diferente a la mía es la del filósofo francés André Comte-Sponville. En algunos de sus libros como por ejemplo: *La felicidad desesperadamente* hace una crítica a la esperanza. Para él el deseo nada tiene que ver con la esperanza. Para Comte-Sponville el deseo es persistir en el ser como diría Spinoza. A veces creo que me gustaría pensar así, pero no va conmigo…

— N.: ¿Por qué?

— J.C.M.: No sé, supongo que es algo muy biográfico, creo que soy un filósofo pesimista en ese sentido.

— N.: Yo no creo que estas dos posiciones de la que hablas se contradigan, creo que son dos perspectivas de ver una idea o más bien una percepción de una situación y depende de eso, de cómo la vivamos…

— J.C.M.: Ya…, pero yo llevo muchos años en esta situación. La verdad es que admiro a Spinoza como filósofo, su *Ética* me parece una de las grandes obras de la historia de la filosofía, pero no me siento nada spinozista. Es algo más biográfico y experiencial que racional e intelectual. Si me pidieras que argumentara lo que estoy diciendo me sería muy difícil. Lo único que sé es que lo siento así. Puede ser que haya una contradicción en todo lo que digo y que en el fondo me gustaría llegar más al término, al final y dejar el camino.

— N.: Me parece que esto es más profundo de lo que parece. Creo que el problema no está en si hemos llegado o estamos en el camino… Insisto, no veo contradicción, porque aunque lleguemos a algún lado siempre es momentáneo y transitorio, no es estático, estamos en movimiento y esto implica que llegar es morir, vivir es moverse, es construir constantemente caminos, donde tendremos algunas paradas pero siempre continuamos…

— J.C.M.: De todas maneras tenemos que dejarlo para otro día… Hemos llegado a Barcelona.

— **IV** —

Miércoles 19 de octubre, tres de la tarde. Me encuentro sentada en la sala de estar de los pasillos donde se imparten las clases de doctorado en el departamento de Pedagogía Sistemática y Social de la Universidad Autónoma de Barcelona. Estoy leyendo un libro de James Hillman mientras se hacen las tres y media, hora en que quedamos para conversar. Estoy concentrada en la lectura y me encuentro con un texto que me hace recordar algunas frases que le he oído a Mèlich en sus clases y en nuestras conversaciones. El libro se titula *El pensamiento del corazón*, Siruela, Madrid, 2001. Subrayo la cita y me parece oportuno comenzar este diálogo con la lectura de este texto. Mèlich llega al cabo de diez minutos. Tenemos una hora exacta porque tiene clases. Nos saludamos. Vamos al despacho y rápidamente nos sentamos para iniciar la entrevista. Le leo la cita textual:

"Permítaseme insistir: cuando hablo de respuesta estética no quiero decir embellecimiento. No me refiero a plantar árboles y visitar galerías de arte. No estoy hablando de elegancia, suave música de fondo, setos bien podados: ese uso esterilizado y desodorizado de la palabra estética la ha dejado sin dientes, sin lengua y sin dedos. La belleza, la fealdad y el arte no son ni el contenido absoluto ni la verdadera base de la estética. Para el entendimiento neoplatónico, la belleza es simplemente manifestación, revelación de fenómenos, la aparición del ánima mundi (…). La belleza es una necesidad epistemológica; la aisthesis es nuestra forma de conocer el mundo.
Lo que entiendo por respuesta estética se parece más bien a un sentido animal del mundo: un olfato para la inteligibilidad visible de las cosas, para su sonido, su olor, su forma, que les hablan a las reacciones de nuestro corazón (y hablan a través de ellas), y que responden al aspecto y al lenguaje, a los tonos y a los gestos de las cosas entre las que nos movemos".

—N.: ¿Qué te parece? ¿Qué piensas de lo que te acabo de leer?

—J.C.M.: Me gusta, me gusta sobre todo cuando habla de esta relación animal con el mundo, aunque yo hablaría más bien de una relación corpórea con el mundo, de una relación sensual, epidérmica...

—N.: ¿Lo que dices tiene que ver con tu último libro con Lluís Duch, *Escenarios de la corporeidad* (Madrid, Trotta, 2005)?

—J.C.M.: Sí. *Escenarios de la corporeidad* es un libro en el que se defiende la tesis siguiente: en la existencia humana el cuerpo es ineludible. *Cuerpo* es, en los seres humanos, todo lo que hace referencia a la historia, al tiempo, al espacio, a la contingencia, a la muerte... Con esto no pretendo decir que en el ser humano todo *sea* cuerpo pero sí que todo en el ser humano es *desde* el cuerpo. Y cuerpo es también *sentidos*: la vista, el gusto, el sabor, el olor, la caricia, el oído, la música, el tono, el ritmo. Hay que insistir en una idea que me parece muy importante: a menudo hablamos del *espacio* del cuerpo, pero cuerpo también es *tiempo*, por eso en el libro utilizamos la metáfora del *escenario*: un espacio atravesado por el tiempo, y, por lo tanto, por el *paso* del tiempo. Esta es la vivencia humana del tiempo: el tiempo pasa, y por eso la vida humana es una carrera contra el tiempo, es decir, contra la caducidad, contra el envejecimiento, contra la muerte.

—N.: ¿Podríamos decir que este espacio humano es un espacio estético?

—J.C.M.: Sí, para los seres humanos la estética es ineludible. *Estética* proviene del griego *aisthesis* que significa sensibilidad. Desde Platón hasta Hegel, pasando por Descartes y Kant se ha considerado la razón como la facultad humana por excelencia. Pero yo tengo mis dudas. No quiero decir que la razón no sea humana, pero la sola razón nos deshumaniza. Lo humano es un modo de ser sensible con el mundo. Evidentemente esta sensibilidad es ambigua, porque todo lo humano es ambiguo. La razón humana es una razón sensible.

Hacemos una pausa… ya es hora de la clase… lo espero a la salida y nos dirigimos hacia Barcelona en tren. Reanudamos la conversación…

— N.: Háblame un poco más sobre la razón. ¿Por qué dices que la sola razón nos deshumaniza?

— J.C.M.: Recuerdas el cuadro de Goya… *el sueño de la razón produce monstruos*. El ser humano es un *homo loquens*, un ser que habla, un ser que se expresa. Pero nunca hablamos un único lenguaje: signos y símbolos, conceptos e imágenes, fórmulas y metáforas. El ser humano es políglota, *polifónico* como diría Lluís Duch. Cualquier reducción de la pluralidad de los lenguajes humanos a un único lenguaje inaugura un período de deshumanización. No podemos vivir sin ciencia, del *logos*, pero tampoco es posible una vida humana sin *mythos*. Por eso, no creo que exista el paso del mito al logos. Este es un prejuicio positivista.

— N.: A partir de este planteamiento… ¿qué sugerirías para la pedagogía?

— J.C.M.: En primer lugar, estimo imprescindible en el momento actual recuperar una obra bastante olvidada de Max Horkheimer, la *Crítica de la razón instrumental* (Madrid, Trotta). En este libro escrito hace ya muchos años pero que sigue teniendo una enorme actualidad, Horkheimer denunciaba esa reducción de la razón que había tenido lugar en la modernidad. La razón instrumental se mueve en la lógica de la relación medios-fines. Es una razón calculadora que intenta descubrir cuales son los medios más adecuados para alcanzar determinadas finalidades. Yo creo que, en efecto, es necesario realizar una nueva crítica de la razón. La razón humana es una razón corpórea y, por tanto, finita, pero también sensible, apasionada, subjetiva, contextualizada, vital. Por eso, la pedagogía tendría que ir con cuidado en lo que respecta a la cuestión de los "reduccionismos". El ser humano no puede evitar la complementariedad. Creo que una crítica de la razón instrumental en pedagogía debería concentrarse en una crítica a la pedagogía tecnológica. No quiero contraponer la razón a la pasión, la ciencia al arte, sino complementarlos.

En segundo lugar, estimo también necesario abandonar la pedagogía metafísica, esa pedagogía que cree que existe una esencia humana, trascendente, inmutable, eterna. Una filosofía metafísica se fundamentaría en lo que Heinrich Rombach llama "antropología de la sustancia". Siguiendo a Rombach, yo diría que es necesario entender al ser humano como una *estructura*, es decir, como una realidad que no puede eludir el tiempo, el espacio, la historia y, por lo tanto, la *transformación*. Los pedagogos tenemos que ser "custodios de las metamorfosis", como diría Elias Canetti. En este sentido soy partidario de una "filosofía antropológica", esto es, de una filosofía que cree que el ser humano es siempre y en todo momento un ser "en" la historia, "en" la cultura, "en" el tiempo y "en" el espacio, y que no es posible dar una definición cerrada, "substancial", del hombre.

— **V** —

Jueves, 17 de noviembre de 2005. Voy caminando hacia la Universidad Autónoma de Barcelona. Me encuentro con Joan-Carles Mèlich. Seguimos hablando de diferentes temas. Uno de ellos gira alrededor de la idea de que en el arte no se puede *demostrar* pero sí *mostrar*. Me viene a la memoria una cita de Nelson Goodman que explica mejor lo que quiero decir: "Una imagen no representativa, como un cuadro de Mondrian, no dice nada; nada denota, nada representa, y no es verdadera ni falsa, pero muestra mucho". También me remito a los primeros estudios del arte impresionista que, en protesta de la revolución industrial, se dedican a pintar, lejos de la representación del entorno, la expresión de sus sentimientos, de sus emociones, de su mundo interior. Me gustaría que pensáramos por un momento en el cuadro de Eduard Munch *El grito*. En esta obra vemos como se muestra el miedo humano donde la descripción no es suficiente, sólo basta mirarlo, adentrarse en él para darnos cuenta de su dolor, y sentirlo.

Continuamos la conversación, y Mèlich me dice que el ser humano se siente en amenazado, desde que nacemos somos vulnerables frente a la estructura del mundo, frente ese tejido cultural y social del que ya estamos formando parte, pero no conocemos y, como tal, infunde temor. Es por esto que la necesidad que impera en el hombre es de protección. El ser humano ante ese acecho, siente al entorno como un mundo que le amenaza. Según Mèlich, ante esta certeza, el ser humano busca salidas, estrategias, recursos y este proceso de adaptación nos hace seres *simbólicos*. A propósito de este comentario, Mèlich me lee un fragmento de *Masa y poder* (Muchnik Editores, Barcelona, 1994, p. 395) de Elias Canetti, que hace referencia a ésta necesidad del hombre y su incesante e inevitable capacidad de contrarrestar, compensar y crear a partir de ese vacío. Y dice así:

"La máscara es pues precisamente eso que no se transforma, inconfundible y perdurable, un algo permanente en el siempre cambiante juego de la transformación. Su limpio efecto depende de que oculte todo lo que se halla tras ella. Su perfección descansa en que así sea exclusivamente, y que todo lo que está tras de ella permanezca irreconocible. Cuanto más clara es ella misma, tanto más oscuro queda todo tras ella. Nadie sabe qué podría prorrumpir tras la máscara. La tensión entre la rigidez de la apariencia y el misterio tras ella puede alcanzar una dimensión monstruosa. Ella es la razón propiamente dicha de lo amenazante de la máscara. "Yo soy exactamente lo que ves —dice la máscara— y todo lo que temes detrás". Fascina y al mismo tiempo impone una distancia. Nadie osa poner la mano sobre ella. El arrancarla está penado con la muerte. Ella es —durante el plazo de su actividad— intocable, invulnerable, sacra. Lo cierto de la máscara, su ser distinto, está cargado de incertidumbre. Su poder descansa en que se la conoce con precisión, sin poder saber jamás qué contiene. Se la conoce desde fuera, por decir así, sólo de frente".

Así continuamos charlando y le capto un pensamiento dicho en voz alta a propósito de comentarle que me doy cuenta de su afán de devorar libros, uno tras otro o varios a la vez. Y digo "devorar" porque no sólo los lee sino que los analiza, los desglosa, los coteja con lo ya pensado, escrito, leído y almacenado en su memoria. Cada libro lo aborda como una aventura y como descubrimiento, y al final, como conquista de sí mismo, para sí mismo y para sus alumnos y los demás. Porque apasionadamente busca transmitirlo con la misma intensidad con que obra en él la experiencia de sus lecturas. En este sentido le escucho decir entonces: *"Me gusta estudiar, me gusta siempre leer cosas nuevas, y también releer, investigar... No me gusta escribir sobre lo que ya sé, volver a escribir sobre lo mismo aunque sea de otra manera me aburre, aunque evidentemente siempre algo repetimos. Nunca somos completamente originales".*

Uno de esos libros que está leyendo actualmente, (a propósito de la coincidencia del tema que se está desarrollando en esta conversación de hoy y que me recomienda para mi investigación sobre arte y educación), es el de Alexander Nehamas, *El arte de vivir. Reflexiones socráticas de Platón a Foucault*, (Pre-textos, Valencia, 2005). Este libro le está interesando mucho porque —como él mismo argumenta— una de las vertientes importantes que fortalecen y estructuran la pedagogía que él propone, está dirigida o encausada hacia el arte de vivir. Dicho de otro modo, para él la vida es una forma de creación, es una obra de arte. En ese sentido, la figura fundamental es el *testimonio,* tal como lo ha desarrollado en su libro *Filosofía de la finitud,* (Barcelona, Herder, 2002). Creo que esta obra es interesante porque da a pensar en una *pedagogía narrativa*, en la que el educador, el maestro, el pedagogo nunca puede ser un modelo a imitar.

Mèlich continúa diciendo: "*En una pedagogía narrativa, como la que yo propongo, de lo que se trata no es de ser como el maestro, de parecerse a él, sino de ser a través suyo. Por lo tanto, en una pedagogía del arte de vivir cada uno tiene que configurar su propia vida libremente. Aunque obviamente esta libertad como en todo lo humano es una libertad finita, porque nunca estamos solos. Por eso digo que con-figuramos o con-creamos. La creación de mi vida es una concreación, es un crear con los otros, para los otros, frente a los otros. Pero pensándolo bien, o al menos desde un punto de vista ético, no nos hallamos nunca frente a los otros sino frente a otro único y singular, irrepetible. Quizás podríamos decir que en una pedagogía narrativa el otro es cualquier otro pero no un otro cualquiera*". Hace una pausa, se levanta de la silla y emocionado por el texto de Nehamas lee lo siguiente:

> "*La vida humana se construye de muchas formas y ningún modo de vida es el mejor para todo el mundo. Filósofos como Montaigne, Nietzsche y Foucault articulan un modo de vivir que solamente ellos, y quizás algunos cuantos más, pueden seguir.*

Ellos no insisten en que su vida es un modelo para el mundo en general. No quieren ser imitados, por lo menos no directamente. Creen que aquellos que quieran imitarlos deben desarrollar su propio arte de vivir, su propio yo, tal vez mostrarlo a otros pero no para que otros los imiten. La imitación, en este contexto, se entiende como el acto de convertirse en alguien por sus propios medios; ese "alguien" en el cual uno se convierte tiene que ser diferente al modelo que uno sigue".

— N: Me identifico mucho con este texto porque mi forma de crear tiene que ver con lo que Nehamas propone y proyecta en sus palabras. Mientras el arte o la obra de arte no se manifieste como demanda comercial en su intención o complaciente a un público consumidor, desde el punto de vista de adoctrinamiento, esclavo de la moda, podríamos hablar entonces, de una creación única y singular que se gesta como necesidad interior, como diría Kandinsky. En este sentido es honesta, sincera, potencialmente creativa. Por eso me identifico con esto que dices que "en una pedagogía narrativa el otro es cualquier otro pero jamás un otro cualquiera". Partiendo de esta premisa, quisiera que ampliaras tu visión sobre la *ética*.

— J.C.M.: Empezamos estas conversaciones hablando del tema de la muerte y la finitud... ¿no?

— N.: Sí, es cierto...

— J. C.M.: Pues bien, a estas alturas quiero insistir en la idea de que si hay alguna temática que atraviesa todo lo que he hecho hasta ahora es, no cabe duda, la *ética*. Por ejemplo, no me gustan aquellas filosofías en que la ética está ausente. Estoy pensando sobre todo en la de Heidegger. Algunas personas me han preguntado por qué en mi *Filosofía de la finitud* no hablo de Heidegger. Creo que la pregunta es muy pertinente, porque si hay un autor, que ha estudiado la finitud es, precisamente, Heidegger.

La respuesta que hoy por hoy doy a esta pregunta es muy clara. Como ha escrito George Steiner, en la filosofía de Heidegger no hay ética, sólo encontramos ontología. Por eso, hace muchos años, me alejé de los planteamientos heideggerianos. Heidegger no tiene el más mínimo interés por la ética. Frente a Heidegger se erige la figura de Emmanuel Levinas. Como tú sabes, Levinas fue discípulo de Heidegger en Friburgo, pero él no es un seguidor de Heidegger, sino uno de sus críticos más importantes. Yo soy un admirador de la ética de Levinas desde hace muchos años. Frente a las éticas del deber, como es el caso de Kant, la de Levinas es una ética de relación y, por lo tanto, de la responsabilidad y la respuesta. Para Levinas la ética comienza con la presencia (y/o ausencia) del otro. Es el *rostro* del otro, (su palabra, su grito, su demanda, su apelación, su ruego), el que nos provoca la respuesta moral. Desde hace mucho tiempo estoy convencido que esta concepción levinasiana de la ética resulta imprescindible para entender la relación educativa. Es en esta línea hace algunos años escribimos con mi amigo Fernando Bárcena un libro titulado *La educación como acontecimiento ético* (Barcelona, Paidós, 2000). Sin ética, sin la respuesta responsable que damos al otro, no hay educación. Sólo queda, en este caso, puro adoctrinamiento, simple domesticación. Fenomenológicamente podríamos decir que lo que hace que una relación educativa sea "educativa" es, precisamente la ética.

Últimamente, sin abandonar la obra de Levinas, estoy interesándome cada vez más por Schopenhauer. También frente a la ética de Kant, el análisis de Schopenhauer resulta apasionante. Para él, el único móvil moral es la *compasión*, la capacidad de ser sensible al sufrimiento del otro. Tengo intención de dedicarme en los próximos años a estudiar en profundidad la obra de Schopenhauer, especialmente *Los dos problemas fundamentales de la ética*.

En resumen: para mí la sensibilidad es la base de la ética y, por lo tanto, de la relación educativa. Como diría Wittgenstein, ética y estética es lo mismo. La relación ética es un encuentro sensible con el otro. No caben aquí ni categorías, ni planificaciones. La relación ética es *caricia*. Precisamente ayer les leía a mis alumnos de doctorado, un texto bellísimo del libro de Levinas *El tiempo y el otro*. Allí, el filósofo lituano escribe que no hay tecnología de la caricia. La caricia es algo que no tiene plan, ni proyecto, ni intencionalidad. La caricia no sabe lo que busca, y este "no saber" le es esencial. Una caricia planificada, programada, no es caricia. Por eso acariciar no es tocar. Una ética de la relación no puede concebirse más que como una ética de la sensibilidad y a mi entender la palabra que mejor expresa la sensibilidad ética es la caricia. En este sentido, me gustaría recomendar la lectura que el filósofo francés Marc-Alain Ouaknin lleva acabo de la obra de Levinas. Según dice Ouaknin en su bello libro *Elogio de la caricia* (Madrid, Trotta, 2006), la ética de Levinas es una ética de la caricia.

—— N.: Hay un texto de Bauman en su libro *Ética postmoderna* que habla de la caricia, la define como la actividad del amor erótico y a la vez visualización de lo que en el amor escapa a la visión. Dice así:

"La mano de la caricia siempre se mantiene abierta; nunca se cierra para "asir"; toca sin oprimir, se mueve obedeciendo la forma del cuerpo que acaricia... (...) La caricia, la actividad del deseo, no tiene intención de "poseer, capturar, saber"; si ese fuera el caso, la caricia apuntaría a aniquilar la alteridad en el Otro y por consiguiente, a su autodestrucción. (...) La caricia es el gesto del cuerpo que se comunica con otro; en sí,

desde el inicio, en su "estructura" interna, un acto de invasión, aún cuando sea tentativo y exploratorio".

— J.C.M: Yo creo que Bauman es uno de los autores actuales que lleva a cabo una de las lecturas más inteligentes de Levinas. Además, Bauman nos da unas pistas excelentes a todos los que nos dedicamos a la educación. Para mí su *Ética postmoderna* es un libro de referencia.

— N.: Tú dices en uno de tus libros que somos seres culturales, que estamos inscritos en una cultura. Esto supone un conjunto de formas donde el ser humano se desarrolla, esas formas o modos tienen que ver con el símbolo... somos seres simbólicos.

— J.C.M.: Podríamos resumirlo de la manera siguiente: toda antropología intenta dar respuesta a la pregunta *¿qué es el hombre?* Desde mi punto de vista el ser humano es un ser ineludiblemente cultural o, como diría Lluís Duch, no hay en el hombre ninguna posibilidad extracultural. La cuestión que me formulo ahora es ¿qué es eso de la cultura? ¿Qué significa cultura? Inspirándome en el antropólogo Clifford Geertz diría que la cultura, toda cultura, es un universo simbólico. Decir que el ser humano es cultural, por tanto, sería equivalente a decir que es un animal simbólico, con esto llegamos al tercer interrogante: ¿qué es el símbolo? Creo sin embargo que esta no es una buena pregunta porque es *demasiado* "ontológica". Prefiero reflexionar acerca de otra cuestión: ¿por qué los seres humanos necesitamos usar símbolos. Este interrogante tendría varias respuestas.

En primer lugar, y desde un punto de vista epistemológico, creo que el ser humano utiliza símbolos porque su relación con el mundo no es inmediata. Dicho de otro modo lo propio del ser humano son las mediaciones, las interpretaciones, las traducciones. Para expresarlo con mi admirado Rilke diría que vivimos en un *mundo interpretado*. En segundo lugar, y sin alejarme de Rilke, observo que hay una razón más antropológica por la que el ser humano necesita de los símbolos: la *inseguridad*. En las primeras *Elegías de Duino*, Rilke hace notar que el mundo humano en la medida en que es un mundo interpretado, también es un mundo inseguro. Es ahí donde, de nuevo, el símbolo hace su aparición, bien sea de forma de *mito* (narración simbólica), o de *rito* (acción simbólica). En ambos casos, el símbolo realiza la función de una *antropodicea práctica* o, en otras palabras, convierte el mundo inseguro en un universo cordial. El símbolo ejerce una función *cosmizadora*, esto es ordenadora. En este sentido, reconozco mi deuda con el gran filosofo alemán Hans Blumenberg y su libro *Trabajo sobre el mito* (Barcelona, Paidós). Finalmente hay una tercera razón por la cual el ser humano usa símbolos. Tiene que ver precisamente con el tema que tratábamos antes: la ética. En Grecia, un símbolo era una especie de moneda partida por la mitad que servía para que la gente se reconociera. Como ha explicado muy bien Emilio Lledó, en su reciente libro *Elogio de la infelicidad* (Madrid, Cuatro Ediciones, 2005), en Grecia el símbolo es una prueba de amistad. *Symbolon* y *philia* resultan inseparables. A esto yo le llamo *la dimensión ética del símbolo*. El ser humano no puede vivir sin símbolos porque, como dijo Aristóteles en la *Ética a Nicómano*, los seres humanos no pueden sobrevivir sin amigos. Otra manera de hablar de la "ética de la caricia" sería la amistad. Y esto nos conduce de nuevo a la educación. Como ya dije en una conversación anterior, si uno lee los primeros diálogos de Platón se da cuenta enseguida que la relación pedagógica que Sócrates ejerce sobre sus alumnos es, sin lugar a dudas, una relación de amistad. Incluso en el *Fedón,* en el instante de tomar la copa de cicuta, Sócrates pide que sus discípulos le acompañen. Sus discípulos son sus amigos. Esta es la gran lección de Sócrates, la relación educativa es amistad.

POSTFACIO

PEDAGOGÍA
Y SENTIDO,
AL LADO DEL
CAMINO

Por Liliana J. Guzmán

Hay una bella canción de Fito Páez que quizás nos da una imagen con relación al ejercicio de pensar la finitud con relación a la pedagogía (aunque prefiero hablar de educación), y que por tal motivo, traigo a título añadido para una lectura del sentido que, hoy, leo en este libro. La canción de Fito dice:

> *"Me gusta estar al lado del camino*
> *(…) me gusta abrir los ojos y estar vivo*
> *(…) entonces, navegar se hace preciso*
> *en barcos que se estrellen en la nada*
> *vivir atormentado de sentido, creo que ésta, sí,*
> *es la parte más pesada…"*[1].

La imagen óptica del camino y ese costado, donde nada y sentido se confunden para hacer, precisamente, sentido

---

1. "Al lado del camino", del CD *Abre (o pequeña teoría sobre el fin de la razón)*, 2000, Argentina.

quizás reúna en esa melodía la sugerencia a otro modo de educar que atraviesa *Transformaciones*. Porque la canción de Fito señala a ese horizonte históricamente situado donde la educación se comprende, en efecto, como un gesto de comprensión entre un tú y un yo para saltar hacia ese otro lado donde navegar y estrellarse (o educar y educar-se, enseñar y perder-se) forman parte de un infinito juego de sentido, vivir haciendo sentido, múltiple, siempre diferente en cada vez, en cada caso, pero sentido al fin. Puesta en movimiento en direcciones insospechadas, hacia donde yo y tú decidan llevar el sentido, una educación transformadora acontece dibujando el horizonte que construyen sus protagonistas, y que les atraviesa.

De modo parecido a la canción, y en un conjunto de poemas y dibujos sobre cierta poética de las estrellas, otro roquero nos da a mirar la imagen del camino (o el sentido) como metamorfosis. (Jirí Brabec, *Starsí Básnê*, 1999, Checoslovaquia). Así lo muestra este dibujo al que su autor, Jirí Brabec (1940-2003), llamó precisamente, *Metamorfosis*:

La imagen de Bravec, como la de Páez, quizás sea recurrente: aquí una imagen sonora traza, en dos canciones (y en cuántas más) una imagen óptica acerca de nuestra condición de finitud… Quizás ambas imágenes, en canción y dibujo, nos recuerdan lo que es nuestro estar-en-el-mundo: estamos al costado del camino, como un árbol, como una guitarra jugando con acordes, como un gesto de memoria y olvido que, estando en camino y atravesando de uno a otro lado, y quién sabe cuántas direcciones, se reconoce en un sentido siempre nuevo, siempre abierto a su propia metamorfosis. Pues en ese camino, las cosas pasan, y (nos) pasan. Quizás entonces el juego de la educación consista en ayudar a pensar (y pensar-nos), en un guiño filosófico, acerca de este pasar de las cosas que (nos) pasan y en ese gesto, en dotar de sentido a la experiencia de ese estar en y al lado del camino, y por tanto, de esa experiencia que una educación por la finitud puede hacerse solidaria en su hacer y cuidar.

Quizás de ese modo, evocando la imagen del camino para una educación transformadora, podamos transitar senderos educadores conscientes de nuestro estar aquí y hoy, contingente y situado. Senderos que hagan de la educación un sentido para pensar nuestra experiencia de educarnos en un movimiento vital, apasionado, poético, inaugurador de conocimiento, movimiento auroral y de sabernos en constante transformación. De tal suerte que entonces sí pueda la educación realizarse desde esas premisas hermenéuticas que Mèlich se apropia para dibujar su libro: una educación cultural e históricamente situada, consciente de sus tradiciones y prejuicios, impregnada de valores no siempre muy claros y que es preciso develar, jamás acabada, siempre respetuosa por la singularidad e insustituibilidad de quién puede hacer de sí su propia obra, y particularmente respetuosa de la experiencia y la palabra de ese tú, ese otro en cuyo camino nos es dado, compartir un —siempre nuevo— sentido educativo. Una educación cuyo sentido no sea sino una invitación a acompañar estancias del camino, tránsitos vitales del otro, de la vida singular de ese tú cuya mirada me interroga, cuya vida me afecta. Si se me permite, y puesto que no asumo ninguna responsabilidad en concluir palabra alguna sobre la educación como sentido transformador, doy la palabra a un guiño de filósofo, precisamente, sobre el pensar nuestro ir de camino en tanto las cosas, la vida, (nos) pasan… y sobre el pensar-nos como acordes desgarrados, dibujos no acabados, barcos navegando… y que con gestos del arte, hoy, podemos atrevernos a inventar. Poniendo en relación filosofía y literatura, y la palabra poética como posibilidad de pensar-nos en un camino múltiple de miradas por inventar, Miguel Morey dice:

> *"Porque ése es el envite en el que se juega la posibilidad de inventarnos de nuevo eso que somos —lo que equivale a decir, asignar un sentido y un valor al pasar de lo que (nos) pasa, que sea más noble, más elevado: que ponga la vida como más valiosa, más digna de ser vivida"*[2].

¿Sería también el envite de una educación transforma-dora, ayudarnos a dibujar sentidos para eso mismo, para pensarnos inventándonos, con dignidad y vitalidad? Quizás el secreto perdure donde suena, al costado del camino… y quizás no sea, entonces, la parte más pesada.

---

2.   Morley (1990) *Psiquemáquinas, Barcelona: Montesinos, p. 29.*